A TEORIA DA EXPLORAÇÃO DO SOCIALISMO-COMUNISMO

Eugen von Böhm-Bawerk

A TEORIA DA EXPLORAÇÃO DO SOCIALISMO-COMUNISMO

A IDEIA DE QUE TODA RENDA NÃO ADVINDA DO TRABALHO
(ALUGUEL, JURO E LUCRO) ENVOLVE INJUSTIÇA ECONÔMICA
(UM EXTRATO)

2ª Edição

Copyright © Instituto Liberal e
Instituto Ludwig von Mises Brasil

Título:
A TEORIA DA EXPLORAÇÃO DO SOCIALISMO COMUNISMO

Autor:
Eugen von Böhm-Bawerk

Esta obra foi editada por:
Instituto Ludwig von Mises Brasil
Rua Iguatemi, 448, conj. 405 – Itaim Bibi, São Paulo – SP
Tel: (11) 3704-3782
Impresso no Brasil / Printed in Brazil

ISBN: 978-85-62816-12-3
2ª Edição

Traduzido por Lya Luft

Revisão para nova ortografia:
Cristiano Fiori Chiocca

Capa:
Neuen Design

Projeto Gráfico:
André Martins

Imagens da capa:
SoRad/Shutterstock - hobbit /Shutterstock - musicman /Shutterstock

Ficha Catalográfica elaborada pelo bibliotecário
Sandro Brito – CRB8 – 7577
Revisor: Pedro Anizio

B575t	Böhm-Bawerk, Eugene von
	A Teoria da Exploração do Socialismo Comunismo / Eugen von Böhm-Bawerk. -- São Paulo : Instituto Ludwig von Mises Brasil, 2010. 205p.
	Tradução de: Lya Luft
	1. Comunismo 2. Socialismo 3. Economia 4. Exploração 5. Teoria I. Título.
	CDU – 330.84

Agradecimentos

Para a reimpressão do material previamente publicado, o editor americano agradece aos seguintes órgãos:

The Annals
(Janeiro, 1891)
American Academy of Political and Social Science. 3937 Chestnut Street Philadelphia, Pennsylvania 19104

Christian Economics
(Maio, 1961)
Christian Freedom Foundation, Inc. 7960 Crescent Avenue Buena Park, California 90620

TheFreeman
(Agosto, 1959 e setembro, 1973)

The Foundation for Economic Education, Inc.
Irvington-on-Hudson, New York 10533

Harry W. Laidler, *Social Economic Movements*
Thomas Y. Crowell Company
666 Fifth Avenue, New York, New York 10022

Walter Lippmann, *The Good Society*
Little Brown and Company
34 Beacon Street Boston, Massachusetts 02106

Observações do Editor Sobre Esta Edição

ESTE LIVRO é o Capítulo XII de *Geschichte und Kritik der Kapitalzins-Theorien* (História e crítica das teorias de juro), primeiro dos três volumes da famosa obra de Böhm-Bawerk intitulada *Kapital und Kapitatzins* (Capital e juro).

Sua tradução para o português se baseia no original alemão *Kapital und Kapitaizins*, de 1921, e na edição americana *The Exploitation Theory of Socialism-Comunism*, de 1975, inclusive no que diz respeito à nova divisão de capítulos e seus subtítulos.

Foram mantidas, como na edição americana, as referências às páginas originais de Böhm-Bawerk. Encontram-se entre colchetes, ao longo do texto. As notas ao texto coincidem com esta paginação original.

SUMÁRIO

Indicações Biobibliográficas Sobre o Autor 13
Prefacio a Primeira Edição
    por Hanz Sennholz 15

PARTE I
PESQUISA HISTÓRICA DA TEORIA DA EXPLORAÇÃO

Capítulo 1 - Características Gerais da Teoria da Exploração
1. Luta mortal entre socialismo e capitalismo........... 23
2. Teoria socialista de que o juro se fundamenta na exploração.....................................23

Capítulo 2 - Economistas Pré-Socialistas Influenciados pela Teoria da Exploração
3. Adam Smith e David Ricardo, fontes ambíguas........ 25
4. Outros precursores da teoria da exploração........... 26
5. Fontes de teorias da exploração mais explicitas e mais agressivas 26
6. William Thompson e a exploração dos trabalhadores ... 27
7. Sismondi e a exploração dos trabalhadores 28

Capítulo 3 - Socialistas
8. Proudhon e a exploração dos trabalhadores 33
9. Rodbertus e a exploração dos trabalhadores 34
10. Ferdinand Lassalle e a exploração dos trabalhadores 35

Capítulo 4 - Aceitação da Teoria da Exploração não Restrita aos Socialistas
11. Ideias de Guth sobre a exploração dos trabalhadores........ 37
12. Ideias de Dühring sobre a exploração dos trabalhadores 38

Capítulo 5 - O Princípio Essencial da Teoria: O Trabalho é a Única Fonte de Todo Valor 39

PARTE II
ESTRUTURA GERAL DESTA DESCRIÇÃO E CRÍTICA DA TEORIA DA EXPLORAÇÃO

1. Por que foram escolhidos Rodbertus e Marx 43
2. O que é e o que não é levado em conta............... 43

PARTE III
A TEORIA DO JURO DE RODBERTUS

CAPÍTULO 1 - APRESENTAÇÃO DETALHADA DA TEORIA DE RODBERTUS
1. Rodbertus considera sua teoria como baseada em Smith e Ricardo 47
2. Como Rodbertus formula suas reivindicações a favor dos trabalhadores 47
3. Afirmação de Rodbertus sobre o problema geral do juro ... 48
4. Rodbertus e "quanto maior a produtividade, maior a exploração" 50
5. Rodbertus divide a produção em bruta e manufaturada 51
6. Não há relação entre a quantidade de capital empregado e o juro recebido sobre o capital 52
7. A distinção que Rodbertus faz entre renda sobre terra e ganho de capital 53
8. Surpreendentemente, Rodbertus não pede a abolição da proprieda de privada nem do ganho imerecido 54

CAPÍTULO 2 - DEFICIÊNCIAS DO SISTEMA DE RODBERTUS
9. Böhm-Bawerk: é decididamente errado afirmar que todos os bens, do ponto de vista econômico, são apenas produto de trabalho 55
10. Apesar da fama, Smith e Ricardo não são as autoridades adequadas 56
11. Erros de Rodbertus quanto aos "custos" 57
12. A abordagem do custo do trabalho feita por Rodbertus deve ser estendida ao custo de outros elementos de produção 58
13. Primeiro grande erro de Rodbertus: bens são apenas produtos de trabalho manual 60
14. Segundo grande erro de Rodbertus: negligenciar a influência do tempo sobre o valor 63
15. Böhm-Bawerk dá o exemplo de cinco socialistas que construíram uma máquina a vapor e receberam pagamento desigual mas justo. 68
16. Terceiro erro de Rodbertus: o valor da troca de bens é determinado pela quantidade de trabalho neles contida ... 73
17. Como Rodbertus, através de uma omissão, realmente deturpa os pontos de vista de Ricardo 73
18. O que Ricardo apresenta apenas como "exceção" devia ter sido sua principal explicação para o juro. Rodbertus

foi demasiadamente "pobre" e sem acuidade como leitor
de Ricardo... 75
19. Quarto erro de Rodbertus: sua doutrina é contraditória
em questões importantes. Sua lei da tendência geral de
equalização de todo o superávit contradiz importantes
pontos de sua teoria do Juro em geral, e de sua teoria do
juro de terras em particular........................... 76
20. Quinto erro de Rodbertus: o erro "geral" e espantoso
que o incapacita de dar qualquer explicação sobre um
aspecto importante do fenômeno do juro........... 81
21. Crítica final à doutrina de juros de Rodbertus: a) mal
fundamentada; b) conclusões falsas; c) contraditória....... 83

PARTE IV
A TEORIA DO JURO DE MARX

Capítulo 1 - Apresentação Detalhada da Teoria de Marx
1. A teoria de Marx sobre juro é mais extremista que a de
Rodbertus... 87
2. Dialética do valor em Marx........................ 88
3. O "tempo de trabalho socialmente necessário" de Marx..... 89
4. A "lei de valor" de Marx............................ 90
5. A "mais-valia" de Marx............................. 91
6. As inovações de Marx comparadas com as de Rodbertus.... 93

Capítulo 2 - Fraqueza da Prova de Autoridade de Marx, Baseada em Smith e Ricardo
7. Nem Smith nem Ricardo fundamentaram sua própria
obra.. 95

Capítulo 3 - Exame e Refutação da Proposição Básica de Marx
8. Marx escolheu um método de análise defeituoso...... 101
9. Fatos que antecedem uma troca devem evidenciar antes
desigualdade do que igualdade...................... 102
10. Método intelectual errôneo de Marx................ 102
11. A falácia de Marx consiste numa seleção tendenciosa de
evidências 105
12. Ideia de Böhm-Bawerk, de que Marx tinha "um intelecto
de primeira categoria"..............................108
13. Outros métodos de abordagem que não os de Marx.... 109
14. Cinco exceções factuais negligenciadas por Marx...... 110
15. Marx agravou o erro de Ricardo.................... 114

16. Dois volumes póstumos contraditórios no sistema marxista (por Engels: Vol. II, em 1885, e Vol. III, em 1894) 115

PARTE V
DOUTRINA DE MARX INTERPRETADA POR SEUS SUCESSORES

1. Reinterpretação de Werner Sombart 123
2. Reinterpretação de Konrad Schmidt 124
3. Reinterpretação de Edward Bernstein 130

PARTE VI
CONCLUSÃO

CONCLUSÃO 139

APÊNDICE.. 141
EUGEN VON BÖHM-BAWERK E O LEITOR CRÍTICO
    POR LUDWIG VON MISES 141
POSFÁCIO DO EDITOR AMERICANO
1. Problema com a leitura de "extratos"............... 145
2. Volume I: "História e crítica das teorias de juro"...... 146
3. Volume II: "Teoria positiva do capital" 147
4. Volume III: "Novos ensaios sobre capital e juro"...... 148
5. Böhm-Bawerk e Rodbertus........................ 148
6. Böhm-Bawerk e Karl Marx........................ 152
7. Economia neoclássica austríaca 154
8. Os economistas austríacos, por Eugen von Böhm-Bawerk.. 158
9. Como Böhm-Bawerk delimitou o campo da ética...... 176
10. Marx: seus traços mentais........................ 180
11. Como podemos avaliar Marx pelas consequências práticas 184
12. Marx — epistemologia regressiva.................. 185

A TEORIA MARXISTA DOS ÍNDICES DE SALARIOS
    POR LUDWIG VON MISES............................... 189

OBSERVAÇÕES DO EDITOR SOBRE ESTA EDIÇÃO.................. 193

Indicações Biobibliográficas
Sobre o Autor

EUGEN VON BÖHM-BAWERK nasceu na cidade de Brünn, Áustria, no dia 12 de fevereiro de 1851. Foi um dos estadistas e economistas mais destacados da Áustria. Sua prolongada fama se deve, em grande parte, à defesa das ciências econômicas e à firme resistência tanto ao crescente fluxo intervencionista quanto ao socialismo. Foi um dos primeiros estudiosos a vislumbrar a iminente destruição da nossa sociedade pela adoção de práticas marxistas e outras formas de socialismo. Estudou Direito na Universidade de Viena e Ciências Políticas em Heidelberg, Leipzig e Jena. Em 1881 foi designado professor de Economia na Universidade de Innsbruck, onde desenvolveu e defendeu os princípios econômicos delineados por Carl Menger e os economistas clássicos.

Sua reputação como estadista está associada ao melhor período da história financeira da Áustria. Em 1889 ingressou no Departamento de Finanças do governo, onde sua habilidade como economista foi extremamente valiosa para um projeto de reforma monetária que se desenvolvia no momento. Foi vice-presidente da comissão que conduziu à adoção do padrão ouro, que tinha como unidade a Krone (coroa; moeda austríaca).

Foi ministro das Finanças em 1895, voltando a ocupar esse cargo em 1897 e, novamente, entre 1900 e 1904. Os períodos em que exerceu essa função foram caracterizados por uma administração capaz de prever consequências a longo prazo, assim como de manter orçamentos balanceados, estabilidade monetária e uma bem-sucedida conversão da dívida pública. Böhm-Bawerk obteve êxito na abolição dos privilégios de longa data que os exportadores de açúcar detinham na forma de subsídios governamentais. Vale a pena ressaltar que tudo isso foi conquistado num período de crescente nacionalismo econômico, que contribuía sobremaneira para a desintegração da união Austro-Húngara, e que Böhm-Bawerk não era afiliado a nenhum partido político. Em 1904 demite-se do cargo de ministro em protesto contra as irregularidades apresentadas nas estimativas orçamentárias do Exército. Passa a se dedicar aos seus escritos e ao ensino da Economia na Universidade de Viena. Como economista, deve a sua notoriedade a uma rara combinação de qualidades: extraordinária capacidade de aprendizagem, independência de pensamento e julgamento, habilidade dialética, penetrante poder de crítica e mestria na exposição e ilustração de assuntos. Intelectual infatigável, ia sempre ao âmago da questão. Mostrou grande interesse pelos problemas das democracias ocidentais, por vezes participando das controvérsias levadas a público através de jornais ingleses e americanos. Suas obras são prodigiosas. Em seu famoso tratado intitulado Kapital und Kapitalzins, Böhm-Bawerk expõe não apenas uma completa teoria de distribuição, mas uma teoria de cooperação social que exerceu profunda influência no pensamento de outros economistas, muito contribuindo para a fundação do que hoje se conhece como Escola Austríaca de Economia.

Prefácio a Primeira Edição

A Teoria da Exploração Conquistou o Mundo

Assim como a evolução da teoria da exploração foi um dos acontecimentos mais importantes do século XIX, sua aceitação geral bem como sua triunfante divulgação constituem o fato mais sinistro do século XX. Não pode haver dúvida de que a teoria da exploração conquistou o mundo. Hoje, mais de um terço da humanidade vive sob o comunismo, cujos líderes emitem seus pronunciamentos arrogantes e militantes a partir da plataforma do dogma socialista. Outro terço da humanidade, naquilo que por vezes se chama de "mundo livre", vive sob sistemas econômicos claramente socialistas. Praticamente todo o resto tem organizações sociais e econômicas em que a teoria da exploração é indicador de intervenção governamental.

Nos Estados Unidos a Teoria da Exploração Influencia a Opinião Publica

Mesmo nos Estados Unidos, baluarte do mundo livre, a teoria da exploração influencia a opinião pública. Essa influência se mostra na crença popular no fato de que uma economia capitalista livre submete os assalariados ao poder e arbítrio dos industriais ricos. Considera-se o trabalhador, como indivíduo, um ser desamparado, carente de proteção legal nas negociações que mantém com as empresas, cuja maior preocupação esta no poder e no lucro. O mercado livre — que objetiva o lucro numa livre competição — prevaleceu neste país antes da Primeira Guerra e é condenado por causar sofrimento a muitas gerações de trabalhadores. Essas ideias, versões populares da teoria da exploração, invadiram nossas escolas e universidades, penetraram, na verdade, por todos os canais, e mudaram radicalmente nossos partidos políticos e Igrejas. Deram origem a um gigantesco movimento de sindicatos de trabalhadores e à "nova ordem" em assuntos sociais e econômicos. É, sem dúvida, a teoria da exploração que determina nossa política econômica básica, em todos os níveis de governo.

A Legislação Popular Trabalhista se Baseia em Ideias da Teoria da Exploração

A crescente massa de legislação trabalhista é um dos frutos da teoria da exploração. Seus defensores atribuem à moderna política social o fato de se ter reduzido a semana de trabalho para 48, 44 e 40 horas semanais — ou para menos ainda. Aplaudem a legislação trabalhista por ter eliminado o trabalho de mulheres e de crianças. Atribuem, também, o presente nível dos salários ao salário mínimo imposto por intervenção das autoridades. Na verdade, praticamente todas as melhorias no trabalho são creditadas à legislação social e à intervenção dos sindicatos de trabalhadores.

O seguro social compulsório — incluindo salário-desemprego — nasce das mesmas raízes intelectuais. Diz-se que o capitalismo é incapaz de sustentar os trabalhadores desempregados, doentes ou idosos. Por isso, a política salarial tem de assegurar condições de vida decentes para essa parte, cada vez maior, da população.

A Taxação Moderna Reflete a Teoria da Exploração

Também a taxação moderna revela que adotamos a teoria da exploração. A maior parte dos impostos visa não apenas a uma receita pública crescente, mas também à correção ou eliminação dos alegados males de nosso sistema econômico. Alguns impostos pretendem uma'"redistribuição" da riqueza e do ganho. Taxas de confisco são impostas aos empresários e capitalistas cujo ganho e capital são transformados em bens para consumo dos "menos privilegiados". Outros impostos visam a mudar hábitos e comportamento nos negócios, ou a conduzir e regular a produção e o comércio.

Os Sindicatos de Trabalhadores Justificam sua Existência pela Teoria da Exploração

Nossos sindicatos de trabalhadores retiram da teoria da exploração a justificativa para sua existência. Poucos americanos negam o orgulho que os líderes sindicalistas cultivam em razão de seus sindicatos terem elevado — e ainda estarem elevando — os salários de todos os trabalhadores, através de associações e de negociações coletivas. A opinião pública americana acredita que a história recente provou a natureza beneficente do sindicalismo, sem o qual os trabalhadores estariam submetidos a ganância e arbitrariedade de seus empregadores. Por causa do medo comum da exploração do trabalho, o povo sofre greves ou ameaças de greve, coerção e violência sindical, bem como a agitação interminável de ódio e inveja dos líderes trabalhistas contra o perverso egoísmo dos exploradores. Para muitos milhões de americanos, ser membro de um sindicato é um importante dever social, e fazer greve, uma missão essencial.

Muitos Intelectuais Aceitam a Teoria da Exploração

Mas não são apenas os milhões de trabalhadores que se unem contra os pretensos males apontados pela teoria da exploração. Se não houvesse uma maioria de economistas, sociólogos e cientistas políticos e historiadores dando seu apoio entusiástico a essa teoria, dificilmente a sociedade toleraria a extorsão e a violência dos sindicatos. Nos *campus* de nossas escolas e universidades, nossos intelectuais trabalham laboriosamente para desmascarar as "contradições básicas" e "vícios fundamentais" do sistema empresarial privado. Segundo eles, a sociedade se compõe de classes deliberadamente unidas para proteger seus interesses de grupo. Uma "nova ordem" surge das cinzas do "velho" sistema capitalista em todo o mundo. Este grupo de intelectuais, finalmente, se completa com os artistas que introduziram a figura do explorador capitalista na literatura e nas artes da atualidade. A combinação de todas essas forças influenciou a opinião pública americana, levando essa nação às fronteiras do socialismo.

Böhm-Bawerk não Podia ter, Sobre a Teoria da Exploração, a Perspectiva Prática e Crítica que Temos no Século XX

Quando pela primeira vez o professor Böhm-Bawerk manejou sua pena contra a teoria da exploração, o sistema de livre mercado prevalecia ainda nos países modernos. É verdade que, como resultado da agitação feita por Marx e por seus seguidores acadêmicos, tinham emergido, especialmente na Europa, poderosos partidos socialistas. Mas a influência desses partidos era pequena na política econômica dos governos. Foi um período de progresso sem precedentes na economia. O livre comércio unia a humanidade numa pacífica e próspera divisão de trabalho. Homens e capital moviam-se livremente entre países, sem fronteiras políticas que os restringissem. Acumulava-se capital rapidamente, e a produtividade no trabalho crescia ano a ano. Salários e condições de trabalho melhoravam sempre, e — auxiliada pelo progresso tecnológico — a indústria fornecia a uma população em crescimento produtos sempre novos e melhores.

A Primeira Análise Sobre a Teoria da Exploração - Que Ainda é a Mais Importante - Foi a de Böhm-Bawerk

Não se pode explicar, através da experiência histórica, a ascensão da teoria da exploração e de outros dogmas socialistas. A luta entre os dois sistemas se decide na interpretação e explicação dos fatos por ideias e teorias. É por isso que a análise de Böhm-Bawerk está na linha de frente da batalha.

Sua "Teoria da exploração", que constitui um extrato de seu grande tratado *Capital e juro,* é um marco na crítica ao pensamento socialista. Até o aparecimento do *Socialismo* de Ludwig von Mises, uns 38 anos depois, essa foi praticamente a única crítica sistemática à economia de Karl Marx. Com lógica devastadora e riqueza de detalhes, Böhm-Bawerk faz sua tese destruir alegações socialistas. Seu raciocínio rigoroso e seu domínio das minúcias são irrefutáveis e convincentes. As conclusões são livres de sentimentos pessoais e de preconceitos. A apresentação, de uma sóbria elegância. Em suma, há poucas análises na história do pensamento econômico que se lhe podem equiparar.

Os argumentos de Böhm-Bawerk destroem o próprio alicerce do socialismo, sobre o qual se constrói a teoria da exploração. Segundo os socialistas, todos os bens econômicos são produto unicamente do trabalho, e seu valor se determina pela quantidade de trabalho que sua produção exigiu. Böhm-Bawerk demonstra que tal afirmação, além de se contradizer a si mesma, está em desacordo com a realidade. "Do ponto de vista da validade teórica", conclui Böhm-Bawerk, "essa teoria ocupa um dos lugares de menor importância entre todas as demais teorias do juro. Por mais sérios que possam ser os erros de lógica cometidos por representantes de outras teorias, acho que dificilmente existam, como nessa, com o mesmo grau de gravidade e em uma concentração tão abundante. São afirmações frívolas e prematuras, uma dialética enganadora, contradições internas e total cegueira diante dos fatos reais".

Consequências Econômicas e Sociais Desastrosas

Do ponto de vista das consequências econômicas e sociais, a teoria marxista provoca a desgraça. A legislação trabalhista que sobrevêm com a sua adoção não apenas reduz a produtividade do trabalho e o salário, mas também traz descontentamento e conflitos sociais. Tanto as legislações de salário mínimo, como outras tentativas de elevar os salários acima dos níveis determinados pelo mercado, estão criando desemprego e depressão, o que, por sua vez, fomenta um coletivismo radical. O seguro social compulsório torna seus receptores tutelados do estado, destruindo a sua autoconfiança, sua responsabilidade individual e sua independência. As taxas de confisco que incidem sobre o capital e o ganho de nossos empresários e capitalistas — impostas em benefício dos que ganham menos — prejudicam o crescimento econômico e causam estagnação. Encorajam o desperdício e a ineficiência, baixam os salários, causam rigidez econômica e criam as classes sociais. Por fim, os sindicatos de trabalhadores não apenas reduzem a eficiência do trabalho, através de uma multiplicidade de medidas, que causam desajustamentos e desemprego, mas também agem como eficientes propagadores da ideologia socialista. Todas essas políticas e medidas, juntas, estão provocando o controle econômico geral e a onipotência do governo.

Este pequeno trabalho vai muito além da mera questão acadêmica de saber qual das teorias é a decisiva e qual é a falaciosa: as teorias da exploração de Rodbertus e Marx, ou a crítica de Böhm-Bawerk. Seu ponto crucial é a defesa da empresa privada contra o ataque do socialismo, que traz o totalitarismo e o comunismo.

Hanz Sennholz

Grove City College, Grove City, PA, Janeiro, 1960

Parte I
Pesquisa Histórica da Teoria da Exploração

Capítulo 1
Características Gerais da Teoria a Exploração

1
Luta Mortal Entre Socialismo e Capitalismo

Chego agora àquela teoria memorável, cuja formulação talvez [p. 241][1] não seja um dos mais agradáveis acontecimentos científicos do século XIX, muito embora seja um dos mais importantes destes acontecimentos. Situada no berço do moderno socialismo, esta teoria com este se desenvolveu e atualmente constitui o ponto crucial em torno do qual giram ataque e defesa na disputa pela organização da sociedade moderna.[2]

2
Teoria Socialista de que o Juro se Fundamenta na Exploração

No entanto, essa teoria ainda não tem nome certo nem característico. Se eu quisesse retirar tal nome de uma característica de seus principais partidários, poderia chamá-la teoria *socialista* do juro. Se, conforme julgo mais conveniente, quiser fazer valer para essa denominação o conteúdo teórico da doutrina, parece-me que o melhor nome será *teoria da exploração*, termo que empregarei daqui por diante. Condensada em algumas frases, a essência da teoria pode ser caracterizada da maneira que se segue.

Todos os bens de valor são produtos do trabalho humano; do ponto de vista econômico, são *exclusivamente* produto do trabalho humano. Contudo, os trabalhadores não recebem o produto integral do que sozinhos produziram, pois os capitalistas, utilizando-se do controle que, pela instituição da propriedade privada, exercem

---

[1] Os números entre colchetes correspondem è paginação original de *Capital e Juro*, Libertarian Press, South Holland, Illinois, 1959. As referências de Böhm-Bawerk se baseiam nessa paginação original.

[2] Escrito em 1884 e mantido nas edições de 1900, 1914 e 1921.

sobre indispensáveis auxiliares da produção, tomam para si parte do produto dos trabalhadores. Fazem isso através do contrato de trabalho, por meio do qual compram a força de trabalho dos verdadeiros produtores, obrigados pela fome a concordarem, enquanto o restante do produto reverte para os capitalistas, sem qualquer esforço de sua parte. O juro de capital consiste, pois, numa parte do produto de trabalho alheio que se obtém através da exploração da condição de oprimidos dos trabalhadores.

Capítulo 2

Economistas Pré-Socialistas Influenciados Pela Teoria da Exploração

3
Adam Smith e David Ricardo, Fontes Ambíguas

O surgimento dessa doutrina, que há longo tempo já vinha sendo preparado, tornou-se quase inevitável devido à singular direção assumida pela doutrina econômica do valor dos bens desde Smith, e, mais ainda, depois de Ricardo. Ensinava-se e acreditava-se, generalizadamente, que o valor de todos ou da maioria dos bens econômicos se medisse pela quantidade de trabalho que tinham incorporado, e que essa era a causa do valor dos bens. Assim, não foi possível evitar que, cedo ou tarde, se começasse a indagar: por que então o trabalhador não detém todo o valor que nasceu do seu trabalho? E, quando era feita essa pergunta, a única resposta condizente com o espírito daquela doutrina era: uma parte da sociedade, os capitalistas, apodera-se de parte do valor dos bens que resultam unicamente do trabalho da outra parte da sociedade, os trabalhadores.

Smith e Ricardo, criadores dessa teoria do valor do trabalho, como vimos, não forneceram tal resposta. Vários de seus primeiros seguidores, prudentemente, também evitaram respondê-la. Enfatizaram que o trabalho tem o poder de criar valor; na concepção geral da economia, no entanto, seguiram fielmente a trilha de seus mestres. Assim agiram os economistas alemães Soden e Lotz. Mas a resposta estava imanente, como consequência lógica, na sua doutrina. Bastariam uma condição adequada e um discípulo mais consequente para que ela emergisse. Smith e Ricardo podem, pois, ser considerados padrinhos involuntários da teoria da exploração. Também os seguidores dessa teoria os encaram como tal. Eles, e praticamente só eles, são também considerados, pelos mais dogmáticos socialistas, com o respeito devido aos descobridores da "verdadeira" lei do valor. A única acusação que lhes fazem é a de não terem chegado à consequência lógica, que os teria habilitado a coroar sua própria obra com a teoria da exploração.

4
Outros Precursores da Teoria da Exploração

Quem gosta de pesquisar árvores genealógicas, não apenas de famílias mas também de teorias, poderá encontrar, já em séculos passados, muitas manifestações que se adaptam bem à escola de pensamento da teoria da exploração. Sem falar nos canonistas, que concordam mais por acaso com as conclusões dessa teoria, cito Locke, que em determinada passagem aponta com muita ênfase o trabalho como fonte de todos os bens[3] e, em outra ocasião, apresenta o juro como fruto de trabalho alheio[4]; James Stuart, que se move, embora com menor ênfase, nesta mesma linha de pensamento; Sonnenfels, que eventualmente designa os capitalistas como a classe daqueles "que não trabalham e se alimentam do suor das classes trabalhadoras"[5]; e Busch, que também considera o juro de capital (é verdade que ele só trata do juro estipulado para empréstimos) [p. 243] o "ganho de propriedade obtido por indústria alheia"[6]. Provavelmente esses exemplos poderiam ser multiplicados se fizéssemos uma pesquisa ativa na literatura mais antiga.

5
Fontes de Teorias da Exploração mais Explícitas e mais Agressivas

Contudo, o nascimento da teoria da exploração como doutrina consciente e coerente só se pode situar num período posterior. Antes dele aconteceram mais dois fatos preparatórios. Primeiro, como foi mencionado acima, o desenvolvimento e popularização da teoria do valor, de Ricardo, que forneceu a base teórica na qual a teoria da exploração

---

[3] *Civil Government* (Vol. II. cap. V. § 40). O trecho que reproduzo aqui, segundo tradução de Roscher em seu trabalho *História da economia inglesa*, diz o seguinte: "Também não causa tanta estranheza, como poderia parecer à primeira vista, o fato de que a propriedade do trabalho consiga superar a comunidade da terra. Pois, com efeito, é o trabalho que dá a cada coisa um valor diverso. Pensemos na diferença entre um acre de terra plantado com tabaco ou açúcar. semeado com trigo ou cevada, e um acre da mesma terra não cultivado, e veremos que a melhoria introduzida pelo trabalho constitui a maior parte do valor. Penso que é uma avaliação muito moderada dizer que 9/10 dos produtos do solo úteis à vida humana provêm do trabalho: sim, se quisermos avaliar corretamente as coisas conforme as usamos, calculando-lhes os vários gastos — o que nelas vem da natureza e o que se deve ao trabalho — veremos que em geral 99 por cento se devem inteiramente ao trabalho".

[4] *Considerations of the consequences of the lowering of interest etc.* 1691 (p. 24)

[5] *Handlunqswissenschaft*, 2. ed. (p. 430).

[6] *Geldumlouf* (Cap. III, §26).

pôde crescer naturalmente; e, depois, o avanço vitorioso de uma produção capitalista em massa, que, criando e expondo uma abissal oposição entre capital e trabalho, propôs simultaneamente a questão do juro de capital sem trabalho como um dos grandes problemas sociais.

Sob tais influências, parece que nossa era está madura, desde os anos vinte do século XIX, para a elaboração sistemática da teoria da exploração. Entre os primeiros teóricos que a fundamentaram mais amplamente (deixo de lado, nessa história da teoria, os "comunistas práticos" cujos esforços naturalmente se enraizavam em ideias semelhantes) temos William Thompson na Inglaterra e Sismondi na França.

6
WILLIAM THOMPSON E A EXPLORAÇÃO
DOS TRABALHADORES

Thompson[7] elaborou de maneira breve mas notavelmente clara e perspicaz os princípios básicos da teoria da exploração. Começa com a premissa teórica de que o trabalho é a fonte de todo valor, e chega à conclusão prática de que os produtores devem receber todo o lucro do que produziram. Com relação a essa exigência do lucro total do trabalho, constata que os trabalhadores, na verdade, se limitam a receber um salário que mal cobre suas necessidades de sobrevivência, enquanto a maisvalia (valor adicional, superávit), que pode ser provocada com auxílio de maquinaria e de capital adicional com a mesma quantidade de trabalho, é auferida pelos capitalistas, que juntaram capital e o adiantaram aos trabalhadores. Por isso, renda de terras e juro de capital representam descontos no produto total do trabalho a que os trabalhadores teriam direito[8].

Há uma cisão nos pontos de vista quanto à medida da influência de Thompson sobre a posterior evolução da literatura. Suas pistas visíveis são muito poucas. Na literatura especializada inglesa, a orientação de Thompson teve pouco eco[9], e os mais conhecidos socialistas da literatu-

---

[7] *An Inquiry into the Principles of the Distribution of Wealth most Conducive to Human Happiness*, 1824. Sobre Thompson e seus antecessores imediatos Godwin e Hall, ver Anton Menger, *Das Recht auf den vollen Arbeitsertrag*. Stuttgart 1866, § § 3-5, e Held, *Zwei Bücher zur sozialen Geschichte Englands*, Leipzig, 1881 (pp. 89ss. re378ss.).

[8] Cf. Anton Menger, *op. cit*, § 5.

[9] Dois trabalhos de Hodgskin pertencem a este mesmo período e orientação: um é o seu pouco conhecido *Popular Political Economy;* o outro, um texto publicado anonimamente com o significativo título *Labour Defended against the Claims of Capital*. Eu próprio não tive acesso aos livros e só tomei conhecimento deles através de citações encontradas em outros autores ingleses da mesma época. Especialmente Read e Scrope os citam muitas vezes, polemizando contra seu conteúdo. O título completo do texto anônimo é:

ra especializada francesa e alemã pelo menos externamente não se ligaram a ele. É difícil decidir se a ideia que Anton Menger[10] recentemente defendeu com entusiasmo, de que Marx e Rodbertus tiraram suas mais importantes teorias socialistas de modelos ingleses e franceses antigos, especialmente de Thompson, tem fundamento. Não considero essa ideia muito convincente. Quando uma doutrina, por assim dizer, está "no ar", nem sempre se deve considerar "empréstimo" a concepção do mesmo pensamento: a originalidade de um escritor não se fundamenta nem se prejudica por ele ter expressado alguns anos antes ou depois um pensamento desses. Ao contrário, sua força criadora prova-se no fato de ele conseguir [p. 244] fazer acréscimos originais à ideia, assim construindo uma doutrina viva e coerente. Aliás, em assuntos científicos — embora haja exceções — muitas vezes a manifestação intuitiva de uma ideia é muito menos importante e meritória do que a fundamentação e execução bem alicerçadas dessa ideia. Lembro a conhecida relação de Darwin para com a premonição de Goethe quanto à teoria evolucionista. Ou, em nosso campo, recordo Adam Smith, que, das sementes do pensamento de Locke, no sentido de que trabalho é fonte de toda riqueza, desenvolveu seu famoso "sistema industrial". Em nosso caso parece-me que Rodbertus e Marx conceberam e desenvolveram com tamanha originalidade a ideia da exploração, que, pessoalmente, não os pretendo apresentar como "emprestadores", nem reciprocamente nem com relação aos antecessores[11].

7
SISMONDI E A EXPLORAÇÃO DOS TRABALHADORES

Em contrapartida, é indubitavelmente grande e abrangente a influência de Sismondi.

Labour Defended against the Claims of Capital: or the Unproductiveness of Capital Proved, by a labourer, London, 1825. Deduzo que Hodgskin seja o autor desse trabalho por causa de um, comentário de Scrope na p. 150 do seu *Principies of Political Economy*, Londres, 1833. Reproduzo algumas passagens características, segundo citações de Read: *"All the benefits attributed to capital arise from co-existing and skilled labor"* (Introdução). Mais adiante admite-se que, com a ajuda de instrumentos e máquinas, se podem produzir mais e melhores produtos do que sem eles: mas segue-se a seguinte observação:

> "But the question then occurs what produces instruments and machines, and in what degree do they aid production independem of the labourer, so that the owners of them are entitled to by far the greater part of the whole produce of the country? Are they or are they not the produce of labour? Do they or do they not constitute an efficient means of production separate from labour? Are they or are they not so much inert, decaying, and dead matter, of no utility whatever possessing no productive power whatever, but as they are guide directed and applied by skillful hands? (p. 14).

[10] Cf. Anton Menger *op. cit.* Prefácio (p. V. e p. 53. 79 e ss. 97 e muitas outras).

[11] A. Wagner expressou-se de forma semelhante em Grundlegung. 3a ed. (Parte 1 p. 37. Nota 1. e Parte II p. 281).

Quando cito Sismondi como representante da teoria da exploração, faço-o com certa reserva. É que Sismondi elaborou uma doutrina que contém em si todos os traços essenciais dá teoria da exploração, menos um: ele não pronuncia uma sentença de repúdio ao juro de capital. Ele é, simplesmente, o escritor de um período de transição: no fundo, devotado à causa da nova teoria, ainda não rompera por inteiro com a teoria antiga, e por isso recuava diante de certas consequências extremas da nova posição.

A grande e influente obra de Sismondi, que interessa principalmente à nossa questão, são seus *Nouveaux príncipes d'économie politique*[12]. Sismondi nela se aproxima de Adam Smith. Aceita a tese deste de que o trabalho é a única fonte de toda riqueza[13], concordando entusiasticamente com ela (p. 51). Censura o fato de que frequentemente se considerem as três formas de ganho — renda, ganho de capital e salário — como três fontes diversas, relacionadas a terra, ao capital e ao trabalho. Na verdade, segundo ele, todo ganho vem só do trabalho, e aquelas três categorias seriam maneiras diferentes de se participar dos frutos do trabalho humano (p. 85). O trabalhador, que pelo seu trabalho cria todos os bens, não conseguiu, "em nosso estágio de civilização", manter a propriedade sobre os meios necessários de produção. De um lado, a terra é habitualmente propriedade privada de outra pessoa, que, como recompensa ao trabalhador pela colaboração da "força produtiva", toma para si uma parte dos frutos do trabalho; essa parcela — que fica para o proprietário — chama-se lucro da terra. De outro lado, o trabalhador produtivo habitualmente não tem suficiente provisão de alimentos dos quais pudesse viver durante a execução de seu trabalho. Tampouco possui a matéria bruta necessária à produção ou os — não raro dispendiosos — instrumentos e máquinas. O rico, que possui todas essas coisas, [p. 245] obtém assim certo controle sobre o trabalho do pobre: sem participar ele mesmo do trabalho, toma a si, como recompensa pelas vantagens que oferece ao pobre, a melhor parte dos frutos do trabalho (*"la part la plus importante de son travail"*). Essa parte é o ganho de capital (pp. 86 e 87). Assim, como decorrência da organização da sociedade, a riqueza adquiriu a capacidade de multiplicar-se através do trabalho alheio (p. 82).

---

[12] 1 ed. 1819. 2a ed. Paris, 1827. A citação é tirada da última edição. Na obra anterior de Sismondi, ainda muito próxima da doutrina clássica. *De la richesse commerciale*, 1803, encontra-se entre outros um comentário interessante de que o emprego de cada trabalhador produtivo envolve uma troca de bens presentes por bens futuros. Os bens presentes são os que são dados ao trabalhador como salário, em troca dos bens futuros, ou seja, aqueles que ele receberá no futuro com o produto do seu trabalho (*op. cit.*, p. 53). Uma citação de Solz *Beiträge zur Geschichte und Kritik der Lohnfondstheorie*, 1905 (p. 65) chamou minha atenção para essa expressão precoce de um pensamento que muitas décadas depois usei mais amplamente em minha teoria do juro (cf. p. ex. minha *Positive Theorie*. 3. ed. pp. 503 ss e 524; 4. ed. ,pp. 374ss. e391).

[13] Princípio que, aliás, nem sempre foi coerentemente sustentado por Smith. Além de labor, ele menciona com certa frequência "Terra" e "capital" como fontes de bens.

Embora no trabalho diário o trabalhador produza bem mais do que sua necessidade de cada dia, depois da divisão com donos das terras e capitalistas raramente lhe sobra mais do que um sustento mínimo irrecusável que recebe em forma de salário. A razão disso está na dependência em que ele se encontra em relação ao empresário, dono do capital. O trabalhador precisa muito mais do seu sustento do que o empresário precisa do trabalho dele. O trabalhador necessita do salário para viver, enquanto o empresário apenas necessita do trabalho alheio para obter lucro. Assim, geralmente a barganha desfavorece o trabalhador: este precisa contentar-se com um salário insignificante, enquanto a parte do leão nas vantagens decorrentes da produtividade crescente fica nas mãos do empresário (p. 91 ss.).

Quem tiver seguido até aqui as ideias de Sismondi, lendo entre [p. 246] outras a frase que diz que "os ricos devoram o produto do trabalho alheio" (p. 81), deve esperar que Sismondi finalmente declare, e repudie, o juro de capital como um ganho extorsivo, que deve ser condenado. Mas Sismondi não tira essa conclusão de suas ideias. Ao contrário, num inesperado volteio, em algumas expressões vagas e obscuras, favorece o juro de capital, e o apresenta como coisa justa. Primeiramente, diz que o dono da terra adquiriu, pelo trabalho original de tornar a terra cultivável, ou pela ocupação de terras sem dono, um *direito* sobre o lucro da terra (p. 110), Analogamente, atribui ao dono do capital o direito ao juro do capital, que se fundamenta no mesmo "trabalho original" graças ao qual esse capital existe (p. 111). Esses dois tipos de renda têm uma característica comum, qual seja a de constituírem, ambos, renda de propriedade, e podem, pois, ser contrastados com a renda advinda do trabalho. Mesmo assim, Sismondi procura atribuir-lhes uma boa reputação, demonstrando que eles também devem sua origem ao trabalho, sendo a única diferença decorrente do fato de que sua honrosa origem data de um período anterior. Os trabalhadores ganham anualmente um novo direito de renda por novo trabalho, enquanto os proprietários, em época anterior, obtiveram, através de um trabalho inicial, um direito permanente que possibilita um trabalho anual cada vez mais vantajoso (p. 112)[14]. "Cada um recebe sua parte nos ganhos nacionais unicamente na medida em que ele próprio, ou seu representante, colaborou, ou colabora, para a existência de tais ganhos", conclui ele. Naturalmente não diz se, nem como, essa afirmação pode-se harmonizar com a anterior de que o juro de capital é retirado dos frutos do trabalho alheio.

---

[14] Se quisermos, poderemos ver nessas palavras uma expressão muito resumida da teoria do trabalho de James Mill.

As conclusões que Sismondi não havia ousado tirar da sua teoria foram logo tiradas por outros, e de maneira muito decidida. Ele é a ponte entre Smith e Ricardo e as subsequentes doutrinas do socialismo e comunismo. Estes, com sua teoria de valores, tinham proporcionado o surgimento da teoria da exploração, mas ainda não a haviam elaborado. Sismondi virtualmente levara a efeito a teoria da exploração, sem, contudo, orientá-la para o terreno político-social. A ele segue-se aquela força maciça que, sob o rótulo de socialismo e comunismo, continua a sequência lógica da antiga doutrina de valores com todas as suas consequências teóricas e práticas, e chega finalmente à conclusão de que "juro é exploração, e, portanto, deve ser eliminado".

CAPÍTULO 3
SOCIALISTAS

Para mim não haveria interesse teórico em fazer excertos da volumosa literatura socialista do século XIX em todas as passagens em que ela anuncia a teoria da exploração. Eu teria de cansar meu leitor com grande quantidade de paralelos que, quase sem variação de vocábulos, resultariam numa longa monotonia, e que na sua maior parte se contentam em afirmar as teses cardinais da teoria da exploração, sem acrescentar, para sua comprovação, mais do que referências à autoridade de Ricardo, ou alguns lugares-comuns. A maioria dos socialistas "científicos" exercitou a sua força intelectual muito mais no ataque cáustico às teorias adversárias do que na fundamentação de suas próprias teorias.

Por isso, contento-me com mencionar, na massa de autores com tendências socialistas, alguns poucos homens que se tornaram importantes para a evolução ou divulgação da teoria em questão.

8
PROUDHON E A EXPLORAÇÃO DOS TRABALHADORES

Entre esses autores destaca-se P. J. Proudhon, autor de *Contradictions économiques*, graças à clareza de seus pontos de vista e à sua dialética brilhante, qualidades que fizeram dele o mais eficaz apóstolo da teoria da exploração na França. Como nos interessa mais o conteúdo do que a forma, deixo de lado a reprodução detalhada de exemplos do estilo de Proudhon, contentando-me em resumir em poucas frases a essência de sua doutrina. Há de se notar imediatamente que, excetuando algumas singularidades externas, ela se distingue muito pouco do esquema geral inicial da teoria da exploração.

Para começar, Proudhon considera certo que o trabalho cria todo valor. Por isso o trabalhador tem um direito natural de propriedade de seu produto *integral*. No contrato de salário ele cede esse direito ao dono do capital, em troca de um salário pelo trabalho, salário este que é *menor* do que o produto cedido. Com isso ele é logrado, uma vez que, não conhecendo seu direito natural, não sabe a magnitude da concessão que fez, nem o sentido do contrato que o proprietário firma com ele. E este último se utiliza do engano e da surpresa, para não dizer mesmo que pratica dolo e fraude (*"erreur et surprise, si même on ne doit dire dol et fraude"*) [p. 247].

Acontece, assim, que hoje em dia o trabalhador não consegue comprar seu próprio produto. No mercado seu produto custa mais do que a quantia que ele recebeu como salário; custa mais em função da soma de toda sorte de ganhos ligados ao direito de propriedade que, agora, sob diversas denominações, tais como lucro, juro, interesse, renda, arrendamento, dízimo etc..., constituem uma soma de "tributos" *(aubaines)* que são impostos sobre o trabalho. O que, por exemplo, 20 milhões de trabalhadores produziram por um salário anual de 20 bilhões de francos, custa, por causa desses ganhos, que passam a ser incluídos no custo, 25 bilhões. Mas isso significa "que os trabalhadores que, para poder viver, são forçados a comprar de volta esses mesmos produtos, têm de pagar *cinco* pelo mesmo que produziram por um salário de *quatro*, ou que terão de jejuar um em cada cinco dias". Assim o juro é um imposto adicional sobre o trabalho, uma retenção (*retenue*) no salário de trabalho[15].

9
RODBERTUS E A EXPLORAÇÃO DOS TRABALHADORES

Equiparável a Proudhon por sua pureza de intenções, mas muito superior a ele em termos de profundidade de pensamentos e de ponderação, embora inferior ao ardente francês no que concerne à exposição das ideias, é o alemão Rodbertus. Para o historiador de economia, ele é a mais importante personalidade aqui citada. Por longo tempo desconheceu-se a sua importância científica, e, por estranho que pareça, isso deveu-se precisamente ao fato de seu trabalho ser tão científico. Por não se dirigir, como outros, diretamente ao povo, por se restringir particularmente à pesquisa teórica, por ser comedido e reservado em relação às sugestões práticas voltadas para o interesse direto das massas, por longo tempo foi bem menos famoso do que homens menos importantes que pegavam em segunda mão suas ideias e as apresentavam numa forma agradável às massas. Só mais recentemente Rodbertus, esse socialista sedutor, foi tratado com justiça e reconhecido como pai espiritual do moderno socialismo científico. Em lugar das acaloradas agressões e antíteses retóricas que a massa dos socialistas tanto gosta de exibir, Rodbertus deixou uma doutrina profunda, de pensamento honesto, sobre a distribuição dos bens.

---

[15] Cf. várias passagens dos numerosos textos de Proudhon. Especialmente "Qu'est-ce que la propriété" (1840; na ed. Paris, 1849. p. 162); *Philosophie der Not* (em tradução alemã de Wilhelm Jordan, 2. ed.) (p. 62, 287 ss): "Verteidigungsrede vor den Assisen von Besançon". pronunciado a 3 de fevereiro de 1842 (ed. *Obras completas*. Paris. 1868. vol. II). Sobre Proudhon, ver a abrangente obra de Diehl, P. J. *Proudhon, seine Lehre und sein Leben* em três seções, Jena. 1888- 1896.

Essa doutrina, embora enganada em muitos pontos, tem suficiente valor para assegurar ao seu autor uma importância permanente entre os técnicos da economia.

Reservo-me o direito de voltar, mais adiante, detidamente à sua fórmula de teoria da exploração. No momento, falarei de dois seguidores seus, que se distinguem um do outro tanto quanto de seu antecessor Rodbertus.

10
FERDINAND LASSALLE E A EXPLORAÇÃO DOS TRABALHADORES

Um dos seguidores de Rodbertus é Ferdinand Lassalle, o mais eloquente — embora, em conteúdo, menos brilhante — dos líderes socialistas. Menciono-o aqui apenas pelo muito que influiu, graças à sua brilhante eloquência, na difusão da teoria da exploração. No entanto, sua contribuição para o desenvolvimento dessa teoria é nula. Por isso não [p. 248] é necessário reproduzir, através de citação de textos, sua doutrina, que é a de seus antecessores. Contento-me em indicar, através de notas de rodapé, algumas das passagens mais marcantes de sua obra[16].

---

[16] Entre seus muitos textos, é *Herr Bastiat-Schulze von Delitzsch der okonomische Julian oder Kapital und Arbeit* (Berlim, 1864), aquele em que Lassalle expressa mais resumidamente suas opiniões sobre o problema do juro e ao mesmo tempo apresenta com maior brilhantismo seu gênio agitador. Trechos principais: o trabalho é "fonte e gerador de todos os valores" (p. 83. 122, 147). O trabalhador, porem, não recebe todo o valor, e sim apenas o preço de mercado do trabalho, encarado como mercadoria, que é o equivalente de seu custo de produção, ou seja, a sua mera subsistência (p. 186 ss). Todo o excedente recai sobre o capital (p. 194). Por isso, o lucro é uma dedução do produto do trabalho, que pertence ao trabalhador (p. 125), e de forma muito drástica (p. 97). Contra a doutrina da produtividade do capital, ver p. 21 ss. Contra a teoria da abstinência, ver p. 82 ss, e especialmente 110 ss. Cf. também os demais escritos de Lassalle.

Capítulo 4
Aceitação da Teoria da Exploração não Restrita aos Socialistas

11
Ideias de Guth Sobre a Exploração dos Trabalhadores

Embora a teoria da exploração tenha sido desenvolvida especialmente por teóricos socialistas, as ideias que lhes eram próprias, encontraram aceitação em outros meios intelectuais, em diversos graus e maneiras.

Muitos aceitam por completo a teoria da exploração, ou quando muito recusam apenas suas aplicações práticas mais extremas. Nessa posição encontra-se, por exemplo, B. Guth[17]. Ele aceita integralmente todos os princípios essenciais dos socialistas. Para ele, o trabalho é a única fonte de valor. O lucro nasce porque, em função da concorrência desfavorável, o salário do trabalho fica sempre aquém do seu produto. Aliás, Guth não receia empregar para esse fato a expressão áspera "exploração", como termo técnico. Mas, ao final, esquiva-se das consequências práticas dessa doutrina, através de algumas cláusulas de tergiversação: "Longe de nós querer tachar a exploração do trabalhador — considerada como fonte do lucro original — de ação injustificada do ponto de vista legal: até certo ponto, ela se fundamenta num acordo livre entre o empregador e o empregado, realizado, é verdade, em condições habitualmente desfavoráveis a este último." O sacrifício realizado pelo trabalhador "explorado" é antes um "adiantamento a ser recompensado". Isto porque a multiplicação do capital aumenta sempre mais a produtividade do trabalho; consequentemente, os produtos do trabalho se tornam mais baratos, e o trabalhador pode comprar mais com seu salário: seu salário concreto, portanto, também sobe. Por causa da "maior procura, cresce o campo de trabalho do trabalhador, fazendo subir seu salário em dinheiro". A "exploração" assemelha-se, pois, a um emprego de capital que, através de seu efeito indireto, aumenta em porcentagens crescentes o lucro do trabalhador[18].

---

[17] *Die Lehre vom Einkommen in diesen Gesamtzweigen*, 1869. Cito pela 2 ed. de 1878.

[18] *Op. cit.* (p. 109 ss. Cf. também p. 271ss).

12
IDEIAS DE DÜHRING SOBRE A EXPLORAÇÃO DOS TRABALHADORES

Também Dühring, em sua teoria do juro, se restringe à visão socialista... "O *caráter do ganho de capital é uma usurpação da parte principal do produto da força do trabalho*... O aumento da produtividade do trabalho e a diminuição do tempo despendido nesse trabalho [p. 249] são efeitos do aperfeiçoamento e da expansão dos meios de produção; mas o fato de que os obstáculos e dificuldades da produção se reduzem, acrescido ao fato *de que o trabalho, não especializado se torna mais produtivo pela aquisição de novas técnicas, não dá ao instrumento inanimado o direito de absorver o mínimo ganho além daquele que é exigido para a sua reprodução*. O ganho de capital, portanto, não é conceito que se possa desenvolver na base de afirmações relativas unicamente à produção, ou de afirmações que se encaixem no esquema de um determinado sistema econômico. É uma forma de apropriação, e um resultado das condições de distribuição"[19].

Um segundo grupo de escritores aceita ecleticamente as ideias da teoria da exploração incorporando-as a seus outros pontos de vista sobre o problema do juro. Assim fazem, por exemplo, John Stuart Mill e Schaffle.[20]

Finalmente, outros ainda, se não se impressionaram com os textos socialistas a ponto de aceitarem todo o seu corpo de doutrinas, mesmo assim incorporaram isoladamente alguns dos seus traços importantes. Parece-me que o mais importante acontecimento nesse campo foi o fato de um renomado grupo de professores universitários alemães, os "socialistas de cátedra", terem revivido o velho conceito de que o *trabalho é a única fonte de todo valor,* a única força "criadora de valor".

---

[19] *Kursus der National-und Sozialökonomie*, Berlim 1873, p. 183. Um pouco adiante (p. 185), ele declara, em visível reminiscência do *"droit d'aubaine"* de Proudhon, que o lucro é um "imposto" arrecadado para compensar a renúncia ao poder econômico. A taxa de lucro representa a percentagem desse imposto.

[20] No original, comentados no cap. XIII (N. da T.).

Capítulo 5

O Princípio Essencial da Teoria: O Trabalho é a Única Fonte de Todo Valor

É estranho o destino que teve esse conceito, cuja aceitação ou rejeição é de enorme importância para se julgarem os mais relevantes fenômenos da economia. Ele surgiu originalmente na economia inglesa, e, nos primeiros decênios após a publicação da teoria de Smith, foi juntamente com ela divulgado. Mais tarde, por influência dos ensinamentos de Say, que elaborou a teoria dos três fatores da produção — natureza, trabalho, capital —, e depois por influência de Hermann e Senior, o conceito caiu em descrédito entre a maioria dos economistas, mesmo da escola inglesa. Por algum tempo só foi cultivado pelo grupo dos intelectuais socialistas. Quando os intelectuais socialistas alemães o retomaram, retirando-o dos textos de Proudhon, Rodbertus e Marx, esse conceito voltou a receber firme apoio dos economistas acadêmicos. Parece mesmo que, sustentado pela boa reputação dos líderes daquela escola alemã, ele poderá ressurgir vitorioso na literatura de todas as nações[21].

Passo agora ao exame crítico da teoria da exploração: veremos se ela é ou não desejável.

---

[21] Escrito em 1884. Desde então parece-me ter havido a tendência inversa. É verdade que, por uns poucos anos, a teoria do valor do trabalho, juntamente com a divulgação das ideias socialistas, ganhou terreno, mas recentemente ela o perdeu nos meios teóricos de todos os países, especialmente em favor da teoria, cada vez mais difundida, do "uso marginal".

Parte II
Estrutura Geral desta Descrição e Crítica da Teoria da Exploração

1
POR QUE FORAM ESCOLHIDOS RODBERTUS E MARX

Para exercer a função de crítico diante da teoria da exploração tive vários caminhos a escolher. Poderia criticar individualmente cada um dos representantes dessa teoria. Seria o caminho mais exato, mas a grande semelhança das diversas doutrinas levaria a repetições supérfluas e cansativas. Uma outra possibilidade seria a de, sem me deter em formulações individuais, criticar o esquema geral que fundamenta todas essas manifestações isoladas. Esta opção, porém, me exporia a uma dupla desgraça. De um lado, haveria o perigo de menosprezar certas nuances individuais da doutrina; de outro, mesmo que eu escapasse desse perigo, certamente não escaparia à acusação de ter escolhido o caminho mais fácil, exercendo minha crítica não à verdadeira doutrina, mas a uma imagem deformada dela, voluntariamente construída. Por isso, decidi-me por um terceiro caminho: retirar da massa de exposições isoladas algumas poucas que considero as melhores e mais perfeitas, submetendo-as a uma crítica individual.

Para esse fim escolhi as exposições de Rodbertus e de Marx. São as únicas que oferecem fundamentação razoavelmente profunda e coerente: em minha opinião, a do primeiro é a melhor delas; a do segundo, por sua vez, é a mais amplamente reconhecida, constituindo, de certa forma, a doutrina oficial do socialismo de hoje. Submetendo as duas a um exame detalhado, creio estar enfocando a teoria da exploração pelo seu lado mais forte — segundo as belas palavras de Knies: "Quem quiser ser vitorioso no reino da pesquisa cientifica tem de deixar o adversário aparecer com todo o seu armamento e força."[1] .

2
O QUE É E O QUE NÃO É LEVADO EM CONTA

Antes disso, um comentário para evitar mal-entendidos: o objetivo das páginas que se seguem é exclusivamente criticar a teoria da exploração enquanto *teoria*, ou seja, examiná-la para verificar se efetivamente o fenômeno econômico do juro de capital tem suas causas naquelas circunstâncias que a teoria da exploração dá como causas primeiras do juro. No entanto, não pretendo fazer um julgamento sobre o lado *prático, político-social* do problema do juro ou sobre suas implicações do ponto de vista da *legislação social*. Tampouco pretendo fazer qualquer

---
[1] *DerKredit*, Parte 2, Berlim. 1879 (p. VII).

julgamento sobre a sua qualidade boa ou má, nem mesmo defender a sua permanência ou revogação. Não me proponho a escrever um livro sobre o juro de capital, silenciando, ao mesmo tempo, sobre a mais importante das indagações a ele relacionadas. Eu posso, entretanto, comentar eficazmente o lado "prático" desse assunto, desde que a parte teórica esteja inteiramente clara, o que me força a deixar essa análise para o segundo volume do meu trabalho. Aqui, repito, desejo apenas examinar se o juro de capital, seja ele bom ou ruim, existe pelas razões alegadas pela teoria da exploração.

PARTE III
A TEORIA DO JURO DE RODBERTUS[1]

---

[1] Uma lista bastante completa dos inúmeros textos do Doutor Karl Rodbertus, Jagetzow está em Kozak: *Rodbertus' sozial-ökonomische Ansichten*, Jena, 1882 (p. 7 ss). Usei basicamente as cartas 2 e 3 enviadas a von Kirchman, na impressão (um pouco modificada) que Rodbertus publicou em 1875 sob o título *Zur Beteuchtung der sozialen Frage*, e também o texto *Zur Erklärung und Abhilfe der heutigen Kreditnot des Grundbesitzes* (2. ed. Jena, 1876), assim como a obra póstuma de Rodbertus, editada por Adolf Wagner e Kozak sob o título *Das Kapital*, que era a 4ª carta social enviada a von Kirchman (Berlim, 1884). A teoria de juros de Rodbertus foi a seu tempo submetida a uma crítica muito detida e conscienciosa por parte de Knies (*DerKredit*, Parte II, Berlim, 1879, p. 47 ss), crítica esta que confirmo nos pontos mais importantes, embora não possa deixar de efetuar um novo exame crítico e independente, uma vez que meu ponto de vista teórico é muito diferente do de Knies, pois encaramos vários fatos sob luzes bastante diversas. Cf. sobre Rodbertus também A. Wagner em sua *Grundlegung* III, 3 ed. (Parte 1 § 13, Parte II § 132), e também H. Dietzel, C. *Rodbertus*, Jena, 1886-1888.

Capítulo 1
Apresentação Detalhada da Teoria de Rodbertus

1
Rodbertus Considera sua Teoria como Baseada em Smith e Ricardo

O ponto de partida da teoria do juro de Rodbertus é o princípio "introduzido por Smith na ciência econômica — e mais profundamente corroborado pela escola de Ricardo" — de que "todos os bens, economicamente considerados, são apenas o produto do trabalho, e só custam trabalho". Rodbertus esclarece esse princípio — que costuma ser expresso sob a forma "só o trabalho é produtivo" — da maneira seguinte: *em primeiro lugar,* só são bens econômicos aqueles bens que custaram trabalho, enquanto todos os outros bens, por mais úteis e necessários que sejam aos homens, são bens *naturais,* que não interessam à economia; *em segundo lugar,* todos os bens econômicos são *apenas* produto de trabalho e, no conceito econômico, não são concebidos como produto da natureza ou de qualquer outra força, mas somente como produto do trabalho: qualquer outra concepção deles cairia no campo das ciências naturais, não no do econômico; e, *em terceiro lugar,* do ponto de vista econômico, todos os bens são produto só daquele trabalho que executou as operações materiais necessárias à sua produção. Mas tal trabalho inclui não apenas aquele que produz diretamente o bem, como, igualmente, aquele que produz os instrumentos necessários à produção do bem. O cereal, por exemplo, é produto não apenas do trabalho de quem maneja o arado, mas também daquele de quem o construiu[1].

2
Como Rodbertus Formula suas Reivindicações a Favor dos Trabalhadores

Os trabalhadores manuais que criam todos os bens têm, ao menos "segundo o Direito em si", um título natural e justo à posse de

---
[1] *Zur Beleuchtung der Sozialen Frage* (pp. 68 e 69).

todo o produto². Há, porém, duas importantes limitações, a saber: em primeiro lugar, o sistema de divisão de trabalho, segundo o qual muitos colaboram para a criação de um produto, torna tecnicamente impossível que cada trabalhador receba seu produto *in natura*. Por isso o direito ao produto todo tem de ser substituído pelo direito *ao valor inteiro* do produto³. Em segundo, devem participar do produto todos os que prestam serviços úteis à sociedade sem colaborar diretamente na criação material do produto, como o padre, o médico, o juiz, o cientista, e, na opinião de Rodbertus, também os empresários que "sabem através de seu capital ocupar produtivamente uma multidão de trabalhadores."⁴. Mas esse trabalho indiretamente ligado à economia não terá direito a pagamento já na "distribuição dos originais dos bens", da qual só devem participar os produtores, mas será remunerado numa "distribuição secundária de bens". O que, segundo o Direito em si, podem reivindicar os que trabalham diretamente na criação de bens é *receber na distribuição original o valor integral do produto de seu trabalho* — sem prejuízo do direito secundário de outros membros úteis da sociedade.

Rodbertus diz que essa exigência natural não é atendida na estrutura social atual. Isto porque, na distribuição original, os trabalhadores recebem só parte do valor do seu produto em forma de salário, enquanto donos de terras e de capital recebem todo o resto em forma de *renda*. Para Rodbertus, renda é "todo ganho obtido sem trabalho próprio, unicamente devido a alguma propriedade."⁵. Ele cita dois tipos de renda: renda *de terras* e *ganho de capital*

3
Afirmação de Rodbertus Sobre o Problema Geral do Juro

"Que motivos — indaga Rodbertus — fazem com que, sendo todo ganho apenas um produto de trabalho, haja pessoas na sociedade que obtêm ganhos — ganhos primitivos — sem terem movido um dedo para produzirem esses ganhos?" Com essas palavras Rodbertus coloca o problema teórico geral da renda⁶. E para ele encontra a seguinte resposta:

---

² *Soziale Frage* (p. 56); *Erklärunq und Abhilfe* (p. 112).
³ *Soziale Frage* (p. 87 e 90); *Erklärung und Abhilfe* (p. 111); *Kapital* (p. 116),
⁴ *Soziale Frage* (p. 146); *Erklärung und Abhilfe* (II, p. 109 ss.).
⁵ *Soziale Frage* (p. 32).
⁶ *Soziale Frage* (p. 74 ss.).

A renda deve sua existência à ligação entre dois fatos: um econômico; o outro, positivamente jurídico. O *motivo econômico* da renda reside no fato de que, desde a introdução da divisão de trabalho, este produz mais do que os trabalhadores necessitam para seu sustento e continuidade do trabalho, de modo que também outras pessoas *podem* viver disso. O *motivo jurídico* reside na existência da propriedade privada de terras e de capital. Uma vez que, em função dessa propriedade privada, os trabalhadores ficam excluídos do controle das condições indispensáveis para a produção, não podem produzir senão segundo um acordo prévio, e a serviço dos proprietários. Estes, por sua vez, tornam acessíveis aos trabalhadores as condições de produção, impondo-lhes, em troca, a obrigação de lhes entregarem parte do produto de seu trabalho como renda. Na verdade, essa entrega acontece mesmo de uma forma ainda mais onerosa para os trabalhadores, que entregam aos proprietários *todo* o produto de seu trabalho, recebendo de volta, como salário, apenas parte do seu valor, ou seja, o mínimo indispensável para seu sustento e para a continuidade do trabalho, O poder que força os trabalhadores a concordarem com esse contrato é a fome. Vejamos o que diz o próprio Rodbertus:

"Uma vez que não pode existir ganho que não seja criado pelo trabalho, a renda se fundamenta em dois pré-requisitos indispensáveis [p. 253], quais sejam:

1) Não pode haver renda, a menos que o trabalho produza mais do que o necessário para que os trabalhadores prossigam com o trabalho — é, pois, impossível que, sem esse superávit, alguém venha a conseguir um ganho regular sem trabalhar.

2) Não pode haver renda se não houver condições de privar os trabalhadores desse superávit, total ou parcialmente, dirigindo-o para outros que não trabalham — pois, por natureza, os trabalhadores são sempre proprietários diretos de seu produto. O fato de o trabalho criar esse superávit resulta de fatores econômicos, em particular daqueles que aumentam a produtividade do trabalho. O fato de esse superávit ser retirado aos trabalhadores, no todo ou parcialmente, decorre de fatores jurídicos.

Assim, como a lei sempre se ligou ao poder, também neste caso essa privação é imposta por uma coerção constante.

Originalmente, foi a escravidão — iniciada com a agricultura e com a propriedade de terra — que exerceu essa coerção. Os trabalhadores que criavam esse superávit com seu trabalho eram escravos. O senhor a quem pertenciam os trabalhadores e o próprio produto só concedia aos escravos o mínimo necessário para continuarem trabalhando, guardando para si o restante, ou seja, o superávit. Quando toda a terra se tornou propriedade privada, todo o capital passou, simultaneamente, aos particulares; a propriedade de terras e de capital passou, então, a exercer coerção semelhante também sobre trabalhadores libertos ou livres. Isso acarretou um duplo efeito. O primeiro é semelhante ao produzido pela escravidão: o produto não pertence aos trabalhadores, mas aos donos do solo e do capital. O segundo efeito é que os trabalhadores, que nada possuem, ficam satisfeitos por receberem dos donos do solo e do capital uma parte do produto de seu próprio trabalho para se sustentarem, isto é, para poderem continuar trabalhando. Assim, em lugar do domínio do dono de escravos, surgiu o contrato entre trabalhadores e empregadores, um contrato que é livre somente na forma, não na substância: quase sempre a fome substitui a chibata, e o que antes era chamado ração dos escravos agora se chama salário."[7].

Segundo essa ideia, toda a renda é fruto da *exploração*[8], ou, como diz Rodbertus às vezes ainda mais causticamente[9], um roubo do produto do trabalho alheio. É esse o caráter de todos os tipos de renda excedente seja sobre terras seja sobre capital, ou mesmo aquelas derivadas dessas duas: o aluguel e o juro de empréstimo. Esses últimos são justificados para os patrões que os pagam, mas são injustificados em relação aos trabalhadores, a cuja custa são em última análise obtidos[10].

4
RODBERTUS E "QUANTO MAIOR A PRODUTIVIDADE, MAIOR A EXPLORAÇÃO"

O valor da renda cresce com a produtividade do trabalho. Isto porque, no sistema de livre concorrência, de modo geral, o trabalhador só recebe de forma permanente a quantia necessária para sobreviver, ou seja, uma determinada parcela concreta do produto. Quanto maior a produtividade do trabalho, tanto menor a porcentagem do valor total do produto [p. 254] representada por esta parcela concreta do produto que ele recebe, e tanto maior a porcentagem do produto e do valor que sobra para o proprietário, ou seja, seu lucro[11].

---

[7] *Soziale Frage* (p. 33); similarmente, de forma detalhada (pp. 77 -94).
[8] *Soziale Frage* (p. 115 e em diversas outras).
[9] *Op. cit.* 150; *Kapital* (p. 202).
[10] *Soziale Frage* (pp. 115, 148); Cf. também a crítica contra Bastiat, *op. Cit.* (pp. 115 a 119).
[11] *Soziale Frage* (p. 123 ss.).

Segundo o que se afirmou até aqui, no fundo, toda renda é uma massa unificada de origem completamente homogênea; no entanto, na vida econômica prática ela se divide sabidamente em dois tipos básicos: a renda sobre terra e o ganho de capital. Rodbertus esclarece de maneira bem singular os motivos e as leis dessa divisão. Deve-se mencionar, de início, que ele parte da premissa teórica de que o valor de troca de todos os produtos é igual ao seu custo de trabalho[12]. Ele assume, em outras palavras, que todos os produtos são intercambiáveis uns pelos outros, na base de seus custos relativos em termos de trabalho. O que há de singular nessa afirmação é que Rodbertus sabe que ela não está de acordo com os fatos. Mas ele acredita que a teoria se desvia da realidade apenas no aspecto em que "o verdadeiro valor de troca ora é maior, ora é menor"; assim, haveria sempre certa tendência gravitacional para aquele ponto que seria "o valor de troca natural e, portanto, justo." [13].Rodbertus rejeita firmemente a ideia de que haveria um *rumo normal de eventos* que faria com que os bens fossem trocados em outra base que não o trabalho ao qual se ligam. Ele exclui a possibilidade de que desvios dessa situação possam ser o resultado, não de oscilação passageira de mercado, e sim da aplicação de uma lei definida que leve o valor noutra direção[14]. Chamo agora a atenção para esse ponto que será muito importante mais adiante.

5
RODBERTUS DIVIDE A PRODUÇÃO EM BRUTA E MANUFATURADA

Segundo Rodbertus, a produção total de bens se divide em dois tipos, quais sejam, a *produção bruta*, que, com ajuda da terra, gera produtos brutos e a *manufatura*, que processa os produtos brutos. Antes de se introduzir a divisão do trabalho, a obtenção e o processamento de produtos brutos se efetuavam em sequência direta por um mesmo empresário que também auferia, indiferenciadamente, toda a renda resultante. Nesse estágio de desenvolvimento econômico ainda não se realizara a separação entre a renda sobre terras e ganho de capital. Desde a introdução da divisão do trabalho, porém, os empresários da produção bruta e os empresários da ulterior manufatura são pessoas distintas. A questão preliminar é como determinar a proporção em que se deve dividir a renda resultante do processo produtivo total.

---

[12] *Op. cit.* (p. 106).
[13] *Soziale Frage* (p. 107); similarmente, pp. 113, 147; também *Erklärung* (I p. 123).
[14] *Soziale Frage* (p. 148).

A resposta repousa na natureza da renda. A renda é uma dedução do valor do produto, uma porcentagem dele. A massa da renda a ser obtida de um dado processo produtivo, portanto, dependerá do valor de troca [p. 255] do produto. Mas como o valor do produto depende da quantidade de trabalho empregado, produção bruta e manufatura se dividirão, na renda total, segundo o *respectivo custo de trabalho* gasto em cada um desses dois ramos de produção. Vejamos um exemplo concreto.[15]

6
NÃO HÁ RELAÇÃO ENTRE A QUANTIDADE DE CAPITAL EMPREGADO E O JURO RECEBIDO SOBRE O CAPITAL

Se forem necessários 1.000 dias de trabalho para se conseguir um produto bruto e 2.000 dias para seu ulterior processamento; se, por outro lado, forem deduzidos 40% do valor do produto em favor do proprietário, os produtores do produto bruto receberão, então, em forma de renda, o produto de 400 dias de trabalho, enquanto os industriais da manufatura receberão o equivalente a 800 dias. O montante de *capital* empregado em cada ramo da produção é irrelevante, para tal divisão: a renda, embora seja calculada sobre o capital, não se determina segundo ele, e sim segundo as quantidades de trabalho aplicadas.

É exatamente o fato de o montante do capital empregado *não* ter influência efetiva sobre a massa da renda obtida num ramo da produção que dá origem à renda sobre terras. Isso ocorre da seguinte maneira: a renda, embora produto do trabalho, é considerada rendimento da riqueza, porque depende da posse de riquezas. Como, em relação à manufatura, só se empreguem bens de capital, e não terras, considera-se como rendimento de capital — ou ganho de capital — toda renda obtida especificamente da manufatura. Através dos cálculos costumeiros da relação entre o montante do rendimento e o montante do capital que originou esse rendimento, chega-se àquela determinada porcentagem de ganho, que pode ser obtida com o capital empregado na manufatura. Essa porcentagem de ganho, que, em função de conhecidas tendências da concorrência, será mais ou menos uniforme em todos os ramos, também servirá de base para o cálculo do ganho sobre o capital investido na

---

[15] Esse exemplo não é dado por Rodbertus: é acrescentado por mim apenas para proteger de contusões esse árduo raciocínio.

produção bruta. Mesmo que não houvesse outra razão, isso já seria verdadeiro simplesmente porque na manufatura se emprega parcela bem maior do "capital nacional" do que na agricultura e porque, compreensivelmente, o rendimento da parcela de capital que é predominante vai determinar a taxa de lucro aceitável para a parcela menor. Por isso, os produtores do produto bruto calcularão seu ganho de capital sobre o montante do capital empregado e sobre o valor da porcentagem habitual de ganho de capital. O restante do ganho, ao contrário, é considerado como rendimento da terra e do solo constituindo-se na renda.

Segundo Rodbertus, essa renda sobre a terra *deve* necessariamente ser deixada de lado na produção bruta, por causa da premissa de que os produtos são trocados com base no trabalho incorporado a cada um deles. Rodbertus fundamenta esse seu modo de pensar mostrando que a quantidade de renda que se pode obter na manufatura não depende [p. 256] — como se disse acima — da quantidade de capital gasto, mas da quantidade de trabalho empregado no processo de manufatura. Esse trabalho apresenta duas facetas: de um lado, o trabalho direto de manufatura; de outro, o trabalho indireto, "que deve ser levado em conta em função do desgaste dos instrumentos e máquinas". Só alguns dos vários elementos que compõem o dispêndio de capital têm influência sobre o montante da renda, a saber, os salários e os gastos com máquinas e instrumentos. O capital despendido com matéria-prima, ao contrário, não exerce tal influência porque essa despesa corresponde a um trabalho inexistente no estágio de manufatura, muito embora essa parte do gasto *aumente* o capital sobre o qual se calcula a renda que será obtida. A existência de uma parcela de capital que, por um lado, aumenta o capital de manufatura sobre o qual se calcula como ganho a renda deduzida, mas que, por outro lado não aumenta propriamente esse ganho, obviamente deve reduzir a relação do ganho sobre o capital, ou seja, a porcentagem do ganho de capital na manufatura.

7
A Distinção que Rodbertus faz Entre Renda Sobre Terra e Ganho de Capital

Também o ganho de capital da produção bruta é calculado com base nessa taxa inferior. Mas, neste caso, as condições são ainda mais favoráveis. Como a agricultura inicia sua produção *ab ovo* — a partir do nada —, sem processar nenhum material originado de produção anterior, falta *ao seu capital* a parte de "valor material".

A única analogia possível seria com o solo, que, segundo todas as teorias, se pressupõe gratuito. Consequentemente, na divisão do ganho não participa nenhuma parcela de capital que não tenha influência sobre sua quantidade. Mais ainda: a relação entre a renda desejada e o capital empregado tem de ser mais favorável na agricultura do que na manufatura. No entanto, como o ganho de capital, também na agricultura, é calculado com base nas mesmas taxas inferiores que prevalecem na manufatura, é preciso que haja sempre um excedente em renda para o proprietário da terra, que o receberá como renda sobre a terra. Essa é, segundo Rodbertus, a origem da renda sobre a terra e de sua diferença em relação ao ganho de capital[16].

8
SURPREENDENTEMENTE, RODBERTUS NÃO PEDE A ABOLIÇÃO DA PROPRIEDADE PRIVADA NEM DO GANHO IMERECIDO

Para completar, desejo observar, brevemente, que apesar do seu agudo julgamento teórico sobre a natureza exploradora do ganho de capital, Rodbertus não deseja abolir a propriedade de capital nem o ganho de capital. Ao contrário, atribui à propriedade de terras e de capital "um poder educativo" indispensável. "Uma espécie de poder doméstico que só poderia ser substituído por um sistema nacional de educação totalmente modificado, que ainda não temos condições de instaurar."[17]. A propriedade de terras e de capital parece-lhe "uma espécie de órgão público que exerce funções na economia nacional [p. 257], funções estas que consistem no direcionamento do trabalho econômico e nos meios econômicos da nação segundo necessidades nacionais". A renda pode ser encarada — a partir desse ponto de vista favorável — como uma forma de salário que aqueles "funcionários" recebem pelo exercício de suas funções[18]. Já comentei anteriormente o fato de que Rodbertus, ao fazer essa observação bastante casual — apenas uma nota de rodapé—, menciona pela primeira vez um pensamento que alguns dos escritores que o sucederam, especialmente Schaffle, desenvolveram numa variante singular da teoria do trabalho.

---

[16] *Soziale Frage* (p. 94 ss.); especialmente pp. 109-111. *Erklärung* (I. p. 123).

[17] *Erklärung* (II, p. 303).

[18] *Erklärung* (II, p. 273 ss.). No seu texto póstumo sobre o *Kapital* Rodbertus- manifesta-se mais asperamente contra o capital privado, querendo que ele seja substituído, e não simplesmente abolido.

Capítulo 2

Deficiências do Sistema de Rodbertus

Tratarei agora da crítica da doutrina de Rodbertus. Direi sem rodeios que considero totalmente errônea a teoria de juro de capital nela contida. Estou convencido de que ela comete uma série de pecados teóricos graves, os quais, a seguir, tentarei apresentar da maneira mais clara e imparcial possível.

9

Böhm-Bawerk: É Decididamente Errado Afirmar que Todos os Bens, do Ponto de Vista Econômico, são Apenas Produto de Trabalho

O exame crítico esbarra logo na primeira pedra que Rodbertus coloca no edifício da sua doutrina, quando afirma que, do ponto de vista econômico, todos os bens são apenas produto do trabalho.

Primeiramente, o que significa a expressão "do ponto de vista econômico"? Rodbertus explica isso numa antítese, contrapondo o ponto de vista da economia ao das ciências naturais. Admite expressamente que, segundo as ciências naturais, os bens são produtos não apenas de trabalho mas também de forças da natureza. Assim mesmo, caso se considere que do ponto de vista econômico são produtos apenas do trabalho, isso pode significar apenas uma coisa: que a colaboração das forças naturais na produção é totalmente irrelevante para o estudo da economia humana. Rodbertus expressa esse conceito drasticamente, dizendo: "Todos os demais bens (além dos que custaram trabalho), por mais necessários e úteis que sejam aos homens, são bens naturais, que em *nada interessam a uma economia*". "O que a natureza realizou previamente em matéria de bens econômicos merece a gratidão do homem, uma vez que ela lhe poupou trabalho, mas, para *a economia, estes bens têm valor apenas na medida em que o trabalho completou a obra da natureza*"[19].

Isso é simplesmente falso. Também certos bens puramente naturais, conquanto muito raros em comparação com a necessidade que há deles, interessam à economia. Acaso uma pepita de ouro encontrada no solo de um proprietário de terras, ou uma mina de ouro por ele

---

[19] *Soziale Frage* (p. 69).

eventualmente descoberta em suas terras, não vão interessar à economia? O dono do ouro e da prata dados de presente pela natureza acaso os deixará na terra sem lhes dar importância, ou os dará de presente, ou os esbanjará, apenas porque lhe foram dados pela natureza sem qualquer esforço [p. 258] de sua parte? Ou, ao contrário, ele os vai guardar cuidadosamente contra a cobiça alheia, aplicando-os prudentemente no mercado, explorando-os e, em suma, administrando-os como se este ouro e esta prata tivessem sido obtidos com o trabalho de suas próprias mãos? E será verdade que o interesse da economia por aqueles bens que custaram trabalho só se dá na mesma medida em que o *trabalho* completou a obra da natureza? Se fosse assim, as pessoas atribuiriam a um barril de magnífico vinho do Reno exatamente o mesmo valor que atribuem a um barril de vinho da colônia bem tratado, mas, por natureza, inferior ao primeiro: ambos custaram mais ou menos o mesmo trabalho humano! O fato, porém, de que o vinho do Reno em geral custa dez vezes mais que o da colônia é uma prova eloquente de que a vida refuta o teorema de Rodbertus.

Objeções desse tipo são tão evidentes que poderíamos esperar que Rodbertus protegesse contra elas, com muito cuidado, sua afirmação básica. Mas, se esperássemos isto, ficaríamos desiludidos: Rodbertus elaborou todo um aparato de persuasão em favor de sua tese; no entanto, tudo acaba num apelo não fundamentado a certas autoridades, numa dialética pouco convincente, que apenas rodeia, sem atingir, o ponto crucial.

10
Apesar da Fama, Smith e Ricardo Não São as Autoridades Adequadas

Nessa primeira categoria situo a repetida menção a Smith e Ricardo como defensores do princípio "sobre o qual não se discute mais na economia progressista", aceito pelos economistas ingleses e defendido na França, e, "o que é mais importante, gravado para sempre na consciência do povo, defendendo-a dos sofismas de uma doutrina de segundas intenções"[20]. Nós poderemos fazer um pouco adiante a interessante constatação de que Smith e Ricardo afirmam apenas axiomaticamente a tese da qual falamos, sem a fundamentarem. Ao mesmo tempo, conforme Knies provou tão brilhantemente[21], ne-

---

[20] *Soziale Frage* (p. 71).

[21] Kredit (Parte II p. 60 ss.).

nhum dos dois sequer aderiu coerentemente a essa tese. Além disso, na discussão científica, uma tese não pode ser aprovada apenas com a invocação de nomes de autoridades: provam-na os fundamentos expostos por estas autoridades. No caso em questão, no entanto, não há nem fundamentos nem afirmações coerentes que deem respaldo a esses nomes. Assim, o apelo às autoridades não fortalece a posição de Rodbertus, a qual se apoia apenas nos alicerces que ele próprio consegue para sua tese.

11
ERROS DE RODBERTUS QUANTO AOS "CUSTOS"

Em função disso, deve-se examinar a exposição bastante longa feita no primeiro dos cinco teoremas "Zur Erkenntnis unserer staatswirtschaftlichen Zustände",[22] e o silogismo mais consistente no texto "Zur Erklärung und Abhilfe der heutigen Kreditnot des Grundbesitzes".[23]

No primeiro. Rodbertus comenta acertadamente o fato de termos de administrar bens que custam trabalho e o porquê de termos de fazê-lo. Com muita justeza, coloca em primeiro plano a disparidade quantitativa entre, de um lado, a "infinitude e insaciabilidade de nossa ambição" [p. 259] ou de nossas necessidades, e de outro, a limitação de nosso tempo e força. Só secundariamente, e de maneira incidental, ele comenta que o trabalho é "cansativo", um "sacrifício da liberdade", e coisas desse gênero[24]. Da mesma forma explica, com acerto, que um gasto de trabalho deve ser entendido como "custo" e explica também a causa disso. "E preciso — diz ele —[25] apenas esclarecer o conceito de 'custo'. Este conceito não significa apenas que para produzir uma coisa necessitamos de outra. O essencial é que, por um lado, foi feito um dispêndio que não pode voltar a ser feito para outra coisa, e que, por outro, o dispêndio efetuado atinge a pessoa que o efetuou, com sua irrecuperabilidade. Esta última afirmação explica por que só o ser humano pode sentir o custo de alguma coisa.

Totalmente correto! É igualmente correto que, como prossegue Rodbertus, os dois critérios de custo se aplicam ao trabalho. Isto porque o dispêndio de trabalho feito para a produção de um bem qualquer "não pode mais ser feito para nenhum outro bem" — pri-

---

[22] "Para reconhecimento de nossa situação econômica" (N. da T.)

[23] "Para esclarecimento e correção da atual falta de crédito na propriedade de terras" (N. da T.)

[24] *Zur Erkenntnis unserer staatswirstschafttichen Zustand* (1842), Primeiro teorema (pp. 5 e 6).

[25] *Op. cit.* (p. 7).

meiro critério. E "o dispêndio de trabalho efetuado só atinge ao *homem*, uma vez que requer tempo e força, ambos muito limitados se se considera a lista interminável de bens que uma pessoa pode ambicionar" — segundo critério.

12
A Abordagem do Custo do Trabalho Feita por Rodbertus Deve ser Estendida ao Custo de Outros Elementos de Produção

Rodbertus precisa, então, provar que um "custo", portanto um motivo para administrar, se aplica só ao trabalho e não a outros elementos. Logo de início, ele tem de aceitar "que para a produção de um bem é preciso algo mais (além do trabalho)", ou seja, além das ideias que o espírito fornece, é preciso um material, fornecido pela natureza, bem como forças naturais que, "a serviço do trabalho, ajudem a transformar ou a adaptar o material". Mas à participação da natureza faltam os dois critérios de custo. Isso porque a força natural ativa é "infinita e indestrutível a força que nutre uma espiga de cereal das substâncias que lhe são necessárias está sempre à disposição dessas substâncias. O material que a natureza fornece para a produção de *um bem* não se pode aplicar ao mesmo tempo a um segundo bem. Mas se quiséssemos falar de custos, teríamos de personificar a natureza, e falar em *seus custos*. A matéria não é um dispêndio que o *homem* efetue em troca do bem; custo do bem é só aquilo que é custo para o *homem*"[26].

Dos dois elementos dessa conclusão, o primeiro — que pretende negar a exatidão do primeiro critério — é obviamente errôneo. É verdade que as forças naturais são eternas e indestrutíveis; mas, quando se trata do dispêndio para a produção, o que interessa não é se essas forças continuam a existir, e sim se elas subsistem e continuam a agir de modo a se tornarem adequadas para novo efeito produtivo. E nesse sentido — o único que interessa ao nosso problema — não se pode falar de permanência indestrutível [p. 260]. Quando queimamos nosso carvão, as forças químicas da substância do carvão — o qual, por mistura com o oxigênio ao ar, produziu o calor desejado — subsistem. Mas a eficácia de suas propriedades não permanece, pois os átomos de carvão se misturaram aos átomos do oxigênio, e não se pode mais falar na repetição da eficácia dessas forças. O dispêndio de forças químicas que efetuamos quando queimamos carvão para produzir um bem não pode

---

[26] *Op. cit.* (p. 8).

mais ser realizado em favor de outro bem[27]. Exatamente a mesma coisa vale para as matérias da produção. Rodbertus admite isso em relação a elas, embora de maneira insuficiente, ao dizer que "enquanto isso" elas não podem ser empregadas para outro bem. Na verdade, elas deixam de ser aplicáveis a uma segunda produção, não apenas "enquanto" estão sendo empregadas no primeiro produto: também depois deixam de estar regularmente disponíveis para produção de um segundo bem. A madeira que uso para fazer vigas não serve mais para a produção de outro bem. E isso é verdade não apenas para o período em que esta madeira estiver na casa servindo de viga e apodrecendo aos poucos, mas também para depois de ela ter apodrecido: o estado em que estarão os elementos químicos que hão de persistir vai torná-la inadequada para o emprego humano. Um pouco mais tarde, na discussão de uma objeção proposta por ele mesmo, Rodbertus abandona o seu primeiro critério, apoiando-se unicamente no segundo critério, qual seja o fato de faltar a relação do custo com a pessoa.

Também nesse ponto Rodbertus está sem razão. Mesmo o dispêndio das dádivas mais raras da natureza é um dispêndio, é uma irrecuperabilidade que atinge a pessoa, daquele mesmo modo exposto por Rodbertus em sua definição de custo e por aquele mesmo motivo alegado por ele para que o trabalho tenha valor. Mas, o que significa isso se, para Rodbertus, não é o sofrimento ligado ao trabalho, mas a limitação quantitativa do trabalho em relação à infinitude de nossas necessidades, o que, na verdade, nos força a administrar o trabalho e seus produtos? Significa, na verdade, que qualquer desperdício de trabalho — trabalho este que, de qualquer modo, sempre será insuficiente para a satisfação plena de nossas necessidades — abrirá uma lacuna ainda maior em relação a essa mesma necessidade. Essa alegação vale também para o caso de o trabalho não se ligar a qualquer sensação pessoal de sofrimento, aborrecimento, compulsão ou algo semelhante, mas sim, proporcionar ao trabalhador um prazer puro e imperturbado: mesmo assim, o trabalho seria insuficiente, em termos quantitativos, para produzir todos os bens necessários. Desse modo, a pessoa é atingida ou por um gasto de trabalho em vão, ou pelo próprio gasto de trabalho, simplesmente porque desperdiça a possibilidade de ter uma outra necessidade atendida[28]. Exatamente a mesma coisa

---

[27] É fácil ver que Rodbertus também deveria, por coerência, ter declarado a força de trabalho algo eterno e indestrutível, uma vez que também as forças químicas e mecânicas que existem no organismo humano não desaparecem da terra!

[28] Será que uma pessoa que "empreita" o trabalho dos outros, seja esta pessoa um empregador, um patriarca ou um dono de escravos, não tem por que administrar o trabalho alheio? Naturalmente aqui não se pode considerar como motivo o fato de esse trabalho de administrar custar o tempo dele, a força *dele*, ou *seu* sacrifício pessoal em liberdade. O que importa é a relação, descrita no texto, com a satisfação das

acontece quando se desperdiça — ou mesmo quando apenas se emprega — uma dádiva rara da natureza. Se desperdiço, propositalmente [p. 261] ou por mineração errônea, algum mineral valioso ou depósito de carvão, estou desperdiçando uma quantidade de satisfações de desejos que teria podido obter com um comportamento mais econômico e que estou esbanjando com meu comportamento não econômico[29].

13
PRIMEIRO GRANDE ERRO DE RODBERTUS: BENS SÃO APENAS PRODUTO DE TRABALHO MANUAL

Em relação a essa objeção, que praticamente não se pode ignorar, o próprio Rodbertus se posiciona; diz que seria possível retrucar que o proprietário de uma floresta arca com os custos, entre outros, do trabalho gasto para cortar madeira, com os custos deste material, que assim foi obtido e "que, sendo empregado para um bem, não pode mais ser empregado para outro, constituindo-se, portanto, em dispêndio que afeta a ele, proprietário"[30]. Mas Rodbertus foge dessa objeção através de um sofisma. Ele diz que ela repousa numa "ficção", porque estabelece uma relação do direito legal com uma base econômica, que só deveria servir para relações *naturais* "legítimas". Só do ponto de vista do direito legal se poderia presumir que nas coisas da natureza, antes de se aplicar nelas algum trabalho, já exista um "proprietário", e que essa situação mudaria eliminando-se a propriedade de terra.

Mas, em questões decisivas nada mudaria. A madeira do tronco é uma dádiva natural relativamente rara; no entanto, a própria natureza, independente do direito legal, atesta que qualquer desperdício desse raro dom implica bem-estar ou sofrimento, envolve pessoas. Ao direito legal só concerne o *tipo* de pessoa que será afetada. Num sistema de propriedade privada de terras, o interessado — portanto, o afetado — será o proprietário. Num sistema de propriedade comum, toda a comunidade será afetada. E, não havendo nenhum direito estabelecido, seria afetado aquele que detém o poder: ou o que chegou primeiro ou o mais forte. Nunca se poderia evitar que o gasto ou dispêndio de dons raros da natureza afetasse uma pessoa, ou comunidade, quanto à satisfação de suas necessidades. A não ser que imaginemos

---

necessidades dele ou de sua família.

[29] Todas as legislações sobre mineração que contém determinações contra métodos predatórios constituem uma contradição a Rodbertus, pois tornam um dever administrar economicamente dons raros da natureza.

[30] *Op. cit.* (p. 9).

uma floresta que não tenha moradores humanos, ou cujos moradores, por alguma razão não econômica, como religião, não tocassem em madeira. Nesse caso, a madeira não seria objeto da economia. Mas não porque dons puros da natureza não possam representar sacrifício para uma pessoa, e sim porque, nesse caso, essas dádivas teriam sido excluídas, pelas circunstâncias, da vida humana, na qual poderiam muito bem estar envolvidas.

Num texto posterior Rodbertus dedica novamente à sua tese uma breve argumentação, que aparentemente segue este mesmo raciocínio, mas, na verdade, assume, em parte, outra direção. Ele diz que é produto *tudo* o que nos chega como bem através do trabalho e que, *por isso*, esse termo deve ser atribuído economicamente só ao trabalho humano, uma vez que este é a única força original e também o único dispêndio original que a economia humana administra[31]. Podemos duvidar seriamente dessa [p. 262] argumentação. A premissa em que ela se fundamenta será correta? Knies questiona firmemente a validade desta premissa, valendo-se, a meu ver, de bons argumentos[32]. Além disso, ainda que a premissa fosse correta, a conclusão não o seria necessariamente: mesmo que o trabalho fosse a única força original administrada pela economia humana, não vejo por que esta economia teria que se limitar a administrar as "forças originais". Por que não administraria, por exemplo, certos frutos daquela força original, ou mesmo o resultado de outras forças originais? Por que, por exemplo, não administraria o meteoro ou o ouro de que falamos? Ou as pedras preciosas encontradas por acaso, ou os depósitos naturais de carvão? Rodbertus tem uma concepção muito estreita da essência e dos motivos da economia humana. Diz, acertadamente, que lidamos economicamente com a força original *trabalho*, "já que, por ser limitado em tempo e medida, uma vez usado, o trabalho se gasta, transformando-se, por fim, em privação de nossa liberdade". Mas estas são apenas razões intermediárias: não são a razão última de nosso comportamento econômico. No fundo, aguentamos o trabalho limitado e cansativo porque, se tivéssemos um comportamento não econômico em relação a ele, nosso bem-estar sofreria. E é exatamente este mesmo motivo que nos leva a administrar todas as outras coisas úteis que, por existi-

---

[31] *Erklärung und Abhilfe* (II. p. 160): similarmente. *Soziale Fraqe* (p. 69).

[32] *Der Kredit* (II. p. 69): "Objetivamente, não é verdadeiro o único motivo apresentado por Rodbertus: o trabalho é a única força original e também o único dispêndio original com o qual se efetua a economia humana". Seria um engano surpreendente num proprietário de terras se ele afirmasse ser impossível que as forças efetivas do solo de suas limitadas propriedades pudessem ficar "mortas" ou "desperdiçadas pelo inço" por causa de pessoas que não as sabem administrar. Um julgamento tão absurdo teria também de defender o princípio de que a perda de x acres não significa "perda econômica" para o dono de y milhas quadradas de terra.

rem em quantidade limitada, não podemos perder ou dispensar sem sacrifício de nosso bem-estar, seja uma força original ou não, tenha ou não custado a força original "trabalho".

Por fim, a posição de Rodbertus torna-se totalmente insustentável quando ele acrescenta que devemos encarar os bens apenas como produtos de *trabalho manual* Essa afirmação, que exclui da atividade econômica produtiva, entre outras, até mesmo a orientação intelectual direta do trabalho de produção, leva a uma série de contradições internas e conclusões erradas, que comprovam, sem dúvida alguma, a falsidade dessa tese. Essas contradições foram atacadas por Knies de maneira tão irrefutável que seria uma repetição supérflua de minha parte voltar a esse assunto[33].

Assim, ao armar seu primeiro princípio fundamental, Rodbertus já contradiz a verdade. Para ser inteiramente justo, devo fazer aqui uma concessão, que Knies não pôde fazer do ponto de vista da teoria do uso que estava defendendo: a objeção àquele princípio fundamental não atinge toda a teoria do juro de Rodbertus. Aquele seu princípio é falso [p. 263] não porque ele interprete mal a contribuição do capital, mas, sim, porque interpreta mal a colaboração da natureza na criação de bens. Creio, como Rodbertus, que, considerando a sequência das fases de produção como um todo, o capital não terá lugar independente nos custos da produção. Afinal, o capital não é exclusivamente "trabalho prévio", como diz Rodbertus, mas é, em parte, "trabalho prévio" e, em parte, valiosa força natural armazenada. Onde esta força natural se retrai — por exemplo, numa produção que, em todas as fases, emprega apenas ou dádivas naturais e trabalhos espontâneos, ou produtos surgidos unicamente disso — então efetivamente se pode dizer, com Rodbertus, que do ponto de vista econômico tais bens são apenas produto do trabalho. Por conseguinte, uma vez que o erro fundamental de Rodbertus se relaciona não com o papel do capital e sim com o da natureza, também as conclusões que ele tira a respeito do ganho de capital têm de ser erradas. Só poderemos considerar sua doutrina falsa se, no prosseguimento de sua apresentação, aparecerem erros graves. E eles aparecerão.

Para não extrair dividendos indevidos do primeiro engano de Rodbertus, organizarei minhas pressuposições no resto da presente aná-

---

[33] Veja-se Knies, *DerKredit* (II, p. 64 ss.). Por exemplo: "Quem deseja 'produzir' carvão não deve apenas cavar, mas deve cavar em determinado local: em milhares de locais se poderá efetuar, sem resultados, a mesma operação material de cavar. Mas se o ato difícil e necessário de determinar o local correto é assumido por um especialista, por exemplo um geólogo: se o ato de cavar um poço depende de uma Certa 'força intelectual' etc., como então se pode querer que o ato de cavar, por si só, constitua serviço econômico? Será que o valor econômico de remédios manufaturados estará unicamente ligado à atividade manual de que estes remédios resultam, quando, na verdade, a escolha dos materiais, a determinação das quantidades etc., partem de outras pessoas que não aquelas que 'fazem' as pílulas?"

lise de modo a eliminar totalmente as consequências desse engano. Vou supor que todos os bens são criados unicamente por uma colaboração entre o trabalho e as forças livres da natureza, com a ajuda exclusiva daqueles elementos de capital que surgiram, eles próprios, apenas da colaboração entre o trabalho e as forças naturais livres, sem a intervenção de dons naturais com valor de troca. Considerando essa premissa limitadora, eu também posso aceitar aquele princípio fundamental de Rodbertus, de que os bens encarados economicamente custam somente trabalho. Vamos adiante.

14
Segundo Grande Erro de Rodbertus: Negligenciar a Influência do Tempo Sobre o Valor

A tese seguinte de Rodbertus diz que, segundo a natureza e o direito, o produto que o trabalhador produziu sozinho — ou todo o valor desse produto, sem deduções — deve pertencer unicamente a ele. Concordo plenamente com essa tese; contra ela, dentro da limitação que estipulei acima, não se pode levantar qualquer objeção em termos de correção e de justeza. Mas creio que Rodbertus, como todos os socialistas, tem uma concepção falsa de como se concretizaria esse princípio realmente justo. Enganados por essa concepção, desejam uma situação que, além de não corresponder àquele princípio, até o contraria. Como, singularmente, nas tantas tentativas de refutar a teoria da exploração, ou raramente se tem tocado nesse ponto, ou, quando ele é levado em consideração, isto é feito de maneira muito superficial, permito-me solicitar ao leitor muita atenção para a exposição que se segue, principalmente por causa de sua complexidade.

Quero, primeiramente, apontar o erro que critico para depois elucidá-lo. O princípio correto de que o trabalhador deve receber todo [p. 264] o valor de seu produto pode ser interpretado, sensatamente, da seguinte maneira: o trabalhador deve receber *agora* o valor *atual* do seu produto. Ou, ainda: o trabalhador deve receber no *futuro* todo o valor *futuro* do seu trabalho. Acontece que Rodbertus e os socialistas explicam que o trabalhador deve receber *agora o* valor *futuro* do seu produto, e agem como se isso fosse coisa evidente, como se fosse a única interpretação possível desse princípio.

Ilustremos a questão com um exemplo concreto. Imaginemos que a produção de um bem, por exemplo, uma máquina a vapor, custe cinco anos de trabalho, e o valor de troca da máquina pronta seja de 5.500 dólares. Imaginemos, também — sem levar em conta, por enquanto, a divisão do trabalho entre várias pessoas — que um trabalhador sozinho tenha construído a máquina com trabalho continuado de cinco anos. Perguntaremos, então, o que lhe é devido como salário, com base no princípio de que ao trabalhador deve pertencer ou todo o seu produto, ou todo o valor do seu produto. Não pode haver, em nenhum momento, qualquer sombra de dúvida em relação à resposta: ele deve receber ou a máquina a vapor inteira ou todos os 5.500 dólares. Mas quando? Também quanto a isso não pode haver nenhuma dúvida: obviamente, depois de transcorridos os cinco anos. Isto porque, pelas leis naturais, ele não pode receber a máquina a vapor antes que ela exista, nem o valor por ele produzido de 5.500 dólares antes que esse valor tenha sido criado. Nesse caso o trabalhador receberá seu salário segundo a fórmula: todo o produto futuro, ou todo o seu valor futuro, num determinado momento futuro.

Mas acontece muitas vezes que o trabalhador não pode esperar — ou não o deseja — seu produto estar inteiramente pronto. Nosso trabalhador deseja, por exemplo, receber, logo depois de um ano, parte do pagamento. Surge, então, a pergunta: como, de acordo com o princípio acima, se fará para medir esta parte? Creio que, também aí, não cabe qualquer dúvida: será justo para com o trabalhador que ele receba o todo que trabalhou até então. Portanto, se até então ele tiver criado um monte de bronze, ferro ou aço não concluído, será justo para com ele entregar-lhe ou esse monte inteiro de bronze, ferro ou aço, ou todo o valor desse monte de matéria, naturalmente seu valor *atual*. Creio que nenhum socialista poderá fazer qualquer crítica a essa decisão.

Qual será, no entanto, o valor desta parte do trabalho em relação ao valor da máquina pronta? Este é um ponto em que um pensador superficial pode errar facilmente. O trabalhador executou até agora um quinto do trabalho técnico exigido para a criação da máquina inteira [p. 265]. Consequentemente — somos tentados a concluir num pensamento superficial — seu produto atual será um quinto do valor do produto inteiro, o que corresponde, portanto, a 1.100 dólares. Conclui-se, então, que o trabalhador deve receber um salário anual de 1.100 dólares.

Errado: a quantia de 1.100 dólares corresponde a um quinto do valor de uma máquina a vapor pronta, atualmente; mas o que o trabalhador produziu até aqui não é um quinto de uma máquina pronta, e sim um quinto de uma máquina que só estará pronta em quatro anos. E isso são duas coisas diferentes. Não se trata apenas de um jogo de palavras, de um sofisma: objetivamente, são duas coisas distintas.

O primeiro quinto tem um valor diferente do do último quinto, da mesma forma que uma máquina completa tem, hoje, um valor diferente do de uma máquina que só estará disponível dentro de mais quatro anos. Isto é tão certo quanto o fato de que todos os bens hoje existentes têm um valor diferente daquele que têm os bens futuros.

Uma das mais difundidas e importantes realidades econômicas é esta: numa avaliação presente, atribui-se aos bens presentes um valor mais elevado do que o de futuros bens da mesma espécie e qualidade. As causas desse fato, suas diversas modalidades de manifestação, as também variadas consequências a que ele leva na economia, serão objeto de uma análise detida que farei no segundo volume desta obra.[34] Estas análises não serão tão fáceis e simples como parece prometer a simplicidade desse pensamento fundamental. Mas, mesmo antes de completada essa análise detalhada, creio poder lembrar o fato de que bens atuais têm um valor mais elevado do que bens futuros da mesma espécie. Isto porque a própria existência deste bem, em si mesma, graças à mais simples experiência da vida cotidiana, deixa de ser duvidosa. Faça-se 1.000 [p. 266] pessoas escolherem entre receber um presente de 1.000 dólares daqui a 50 anos ou recebê-lo hoje, e todas as 1.000 preferirão receber logo os 1.000 dólares. Ou, então, pergunte-se a outras 1.000 pessoas que precisem de um bom cavalo e estejam inclinadas a dar 200 dólares por um bom animal quanto dariam hoje por um cavalo que fosse também muito bom, mas que elas só receberiam dentro de 10 ou 50 anos. Todas ofereciam uma quantia infinitamente pequena. Isto mostra que quem lida com conceitos de economia sempre valoriza mais os bens presentes do que os mesmos bens futuros.

Dessa forma, a parte daquela máquina a vapor — máquina que ficará pronta em mais quatro anos — que nosso trabalhador obteve com um ano de trabalho, não tem o valor total de um quinto da máquina acabada; seu valor é mais baixo. Em quanto? Não posso dizer ainda, sem fazer uma antecipação que poderá confundir o leitor. Basta observar que a importância representada por essa diferença se relaciona com a porcentagem de juro vigente no país, bem como

---

[34] Böhm-Bawerk refere-se ao segundo volume da obra em três volumes. *Capital e juro de capital*, da qual o presente livro é um excerto (*N. da T.*).

com o tempo que falta para chegar ao momento em que o produto ficará pronto. Se eu presumir um juro de 5%, o produto do primeiro ano de trabalho custará, ao cabo desse ano, mais ou menos 1.000 dólares[35]. Assim, o salário que o trabalhador deve receber pelo primeiro ano de trabalho será — com base no axioma de que deve receber ou seu produto inteiro ou o valor deste — de 1.000 dólares[36].

Se, apesar das conclusões a que chegamos acima, ainda ficar a impressão de que este valor é baixo, é preciso pensar no seguinte: ninguém pode ter dúvidas de que o trabalhador não estará sendo prejudicado se, depois de cinco anos, receber a máquina a vapor inteira, ou o seu valor inteiro, de 5.500 dólares. Para efeito de comparação, vamos calcular também o valor que terá a parcela antecipada de salário no fim do quinto ano. Como os 1.000 dólares recebidos no fim do primeiro ano ainda podem ser postos a juros por mais quatro anos, eles devem ser multiplicados, numa porcentagem de 5%, perfazendo mais 200 dólares (sem juro composto). Como esta aplicação está aberta também ao trabalhador, os 1.000 dólares recebidos pelo trabalhador no fim do primeiro ano equivalem [p. 267] a 1.200 dólares ao fim do quinto ano. Assim, se o trabalhador recebeu, depois de um ano, por um quinto do trabalho técnico, a quantia de 1.000 dólares, obviamente foi recompensado com base em um critério mais favorável a ele, uma vez que, se recebesse pelo todo, depois de cinco anos, só teria 5.500 dólares.

Como imaginam Rodbertus e os socialistas que se deva cumprir o princípio segundo o qual o trabalhador deve receber todo o valor do seu produto? Eles querem que o valor total que o produto pronto vá ter ao fim do trabalho seja a base dos pagamentos de salários, mas não somente quando concluída a produção: querem que o seja, parceladamente, já durante o decorrer do trabalho. Imagine-se o que representa isso. Representa, em nosso exemplo, que o trabalhador já receberia — com base na média dos pagamentos parcelados — depois de dois anos e meio, o total de 5.500 dólares, total este que a máquina a vapor só vai valer depois de cinco anos, quando pronta. Devo admitir que considero totalmente impossível basear essa exigência naquela premissa. Como se pode justificar, segundo a natureza e o direito, que alguém receba já depois de dois anos e meio um total que terá produzido ao cabo de cinco anos? Isso é tão pouco "natural" que nem ao menos é exequível. Não será exequível nem se livrarmos o traba-

---

[35] Naturalmente não me ocorre querer apresentar a porcentagem de juros como *causa* da baixa valorização de bens futuros. Sei muito bem que juro e porcentagem de juro são apenas consequências daquele fenômeno primário. Aliás, não pretendo aqui dar explicações, mas descrever fatos.

[36] Logo adiante será demonstrado o acerto dessa cifra de juros que, à primeira vista, pode parecer estranha.

lhador de todas as algemas do tão censurado contrato de trabalho, colocando-o na posição pretensamente privilegiada de empresário. Como trabalhador-empresário, ele realmente receberá todos os 5.500 dólares, mas não antes de os ter produzido, não antes dos cinco anos. E como se fará, por contrato de trabalho e em nome do direito, aquilo que a natureza das coisas recusa ao próprio empresário? O que os socialistas desejam é, usando das palavras certas, que os trabalhadores recebam através do contrato de trabalho mais do que trabalharam, mais do que receberiam se fossem empresários, mais do que produzem para o empresário com quem firmaram contrato de trabalho. O que eles produziram — e ao que têm direito justo — são 5.500 dólares depois de cinco anos. Mas 5.500 dólares depois de dois anos e meio, que é o que exigem, é mais que isso, chega a corresponder a cerca de 6.200 dólares depois de cinco anos, a um juro de 5%. Essa valorização relativa não resulta de instituições sociais duvidosas que criaram o juro e o fixaram em 5%, mas é resultado direto do fato de que nossa vida transcorre no tempo, de que o hoje, com suas necessidades e preocupações, vem antes do amanhã, e de que talvez nem cheguemos a ver o depois de amanhã. Não apenas os capitalistas ambiciosos, como também cada trabalhador, cada ser humano aliás, faz essa diferença de valor entre presente e futuro. Estaria certo o trabalhador que se queixasse de estar sendo logrado se, ao invés dos dez dólares que lhe devessem como salário semanal hoje, lhe oferecessem 10 dólares em um ano! E o que é relevante para o trabalhador, por acaso deveria ser irrelevante para o empresário? É possível querer que ele dê 5.500 depois de dois anos e meio, em troca de 5.500 que só depois de cinco anos receberá na forma do produto acabado? Isso não é justo, nem natural! Justo e natural, admito novamente com boa-vontade, é que o trabalhador ganhe todos os 5.500 dólares depois de cinco anos. Se ele não pode, ou não quer esperar cinco anos, mesmo assim deverá receber o valor total do seu produto; mas, naturalmente, o valor *atual* do seu produto *atual*. Esse valor terá de ser menor do que a cota do futuro valor do produto correspondente ao trabalho técnico, porque na economia impera a lei de que o valor atual de bens futuros é menor do que aquele de bens presentes; lei que não nasceu de nenhuma instituição pública ou social, mas diretamente da natureza dos homens e das coisas.

Se há alguma desculpa para ser prolixo, creio que ela caiba aqui, neste espaço onde se questiona uma doutrina de consequências tão graves como a doutrina socialista da exploração. Por isso, correndo o risco de entediar os meus leitores, desejo apresentar um segundo caso concreto, que, espero, me dará oportunidade de provar, de modo ainda mais convincente, o erro dos socialistas.

15
Böhm-Bawerk dá o Exemplo de Cinco Socialistas que Construíram uma Máquina a Vapor e Receberam Pagamento Desigual mas Justo

Em nosso primeiro exemplo abstraí o fator divisão de trabalho. Agora, farei uma mudança nas circunstâncias, aproximando-as mais da realidade da vida econômica. Vamos, pois, presumir que cinco trabalhadores participaram na feitura dessa máquina, cada um deles contribuindo com um ano de trabalho. Talvez um dos trabalhadores extraísse da mina o minério necessário, o segundo preparasse o ferro, o terceiro o transformasse em aço, o quarto fabricasse com o aço as peças necessárias, e o quinto, por fim, as organizasse devidamente e desse a última demão no trabalho. Como cada trabalhador, pela natureza do processo, só pode começar quando o anterior tiver concluído seu trabalho, os cinco anos de trabalho de nossos homens não seriam simultâneos, mas subsequentes. Portanto, como no primeiro exemplo, a produção da máquina demoraria cinco anos. O valor da máquina pronta continua sendo 5.500 dólares. Segundo o princípio de que o trabalhador deve receber todo o valor do produto de seu trabalho, quanto poderá exigir cada um dos cinco participantes pelo que realizou?

Solucionemos primeiro o problema considerando o caso de os salários se dividirem entre os trabalhadores, sem intervenção de um empresário: o produto obtido será simplesmente dividido entre os cinco. Nesse caso, duas coisas são certas: *primeiro*, que a divisão só poderá ocorrer *depois* de cinco anos, porque antes não existirá nada adequado para se dividir; se quiséssemos, por exemplo, usar o minério e o ferro [p. 268] obtidos nos dois primeiros anos como pagamento de cada um, faltaria matéria-prima para a continuação da obra. É claro que o produto prévio conseguido nos primeiros anos tem de ser necessariamente isento de qualquer divisão, ficando preso à produção até o fim. *Segundo*, é certo que um valor total de 5.500 dólares terá de ser dividido entre cinco trabalhadores.

Mas, em que proporção?

Esta divisão não deveria, certamente, ser feita em partes iguais, como se poderia pensar numa primeira visão superficial: isso favoreceria grandemente os trabalhadores que fizessem seu trabalho num estágio mais avançado da produção. A pessoa que trabalhasse no acabamento da máquina receberia pelo seu ano de trabalho os

1.100 dólares imediatamente depois de terminar seu trabalho. O que tivesse produzido as peças receberia a mesma quantia, mas teria tido de esperar um ano inteiro para receber seu salário. O que tivesse extraído o minério receberia o mesmo pagamento quatro anos depois de trabalhar. Como é impossível que tal atraso não fizesse diferença para os trabalhadores, todos iriam querer executar o trabalho final, cujo pagamento não sofreria atraso algum, e ninguém iria querer assumir os trabalhos preparatórios.

Para encontrar quem os executasse, os trabalhadores das fases finais seriam forçados a ceder aos colegas que os antecedessem uma recompensa pelo atraso, na forma de uma participação maior no valor final do produto. O montante dessa diferença dependeria em parte da demora do atraso, em parte da diferença que existe entre a valorização de bens presentes e a de bens futuros, de acordo com as condições econômicas e culturais de nossa pequena sociedade. Se essa diferença for, por exemplo, 5%, as partes dos cinco trabalhadores ficariam assim distribuídas:

O primeiro trabalhador, que tem de esperar mais quatro anos depois de concluído seu trabalho, receberá ao fim

Do quinto ano	1.200
O segundo, que esperará três anos	1.150
O terceiro, que esperará dois anos	1.100
O quarto, que esperará um ano	1.050
O último, que receberá o salário logo depois de concluído seu trabalho	1.000
Total	5.500

Só se poderia imaginar todos os trabalhadores recebendo o mesmo salário de 1.100 a partir do pressuposto de que a diferença de tempo não tivesse para eles qualquer importância, de que se satisfizessem com 1.100 dólares recebidos três ou quatro anos depois, considerando-se [p. 269] tão bem pagos como se recebessem esta quantia logo depois da conclusão do trabalho. Não creio ser necessário dizer que essa pressuposição nunca é correta, nem pode ser. Por outro lado, *é totalmente impossível que cada* um *receba 1.100 dólares imediatamente depois de executado o trabalho*, a não ser com a intromissão de uma terceira parte.

Talvez valha a pena, de passagem, chamar atenção para uma circunstância especial. Não creio que alguém julgue injusto o esquema de distribuição feito acima; não é, também, o caso de se poder falar em injustiça do empresário, pois os trabalhadores dividiram seu produto unicamente entre eles. Mesmo assim, aquele trabalhador que executou o penúltimo trabalho não receberá um quinto completo do valor final do produto, mas apenas 1.050 dólares, e o último trabalhador receberá, ao cabo, apenas 1.000.

Vamos presumir, agora, o que em geral acontece na realidade: que os trabalhadores não podem ou não querem esperar o fim do trabalho todo para receberem seu salário, e que façam um acordo com o empresário, para obterem dele, no fim do seu trabalho, um salário em troca do qual ele, o empresário, será dono do produto final. Vamos fazer mais: vamos imaginar que esse empresário é um homem justo e desprendido, que jamais se aproveitaria de uma situação difícil dos trabalhadores para baixar com usura o salário deles. Indaguemos, agora: em que condições se fará tal contrato de salário, numa situação dessas?

Pergunta bastante fácil de responder. Obviamente os trabalhadores terão tratamento justo, se o empresário lhes oferecer como salário o mesmo que teriam recebido como cota no caso de uma produção independente. Esse princípio nos fornece um critério fixo para aquele trabalhador que, no nosso exemplo, teria recebido 1.000 dólares logo depois de cumprir seu trabalho. Para ser inteiramente justo, é essa a quantia que o empresário deverá oferecer-lhe. Para os outros quatro trabalhadores, no entanto, o princípio acima fixado não fornecerá nenhum critério direto. Como o momento de pagar no caso do nosso exemplo será diferente do momento de pagar se ocorresse uma distribuição de cotas, não nos podemos valer das cifras dessa distribuição como padrão. Mas temos outro critério fixo: como os cinco trabalhadores realizaram o mesmo para seu trabalho, merecem, com justiça, o mesmo salário; e este se expressará numa cifra igual, agora que cada trabalhador será pago imediatamente após seu trabalho. Portanto, de maneira justa, todos os cinco trabalhadores receberão 1.000 dólares cada um ao fim do seu ano de trabalho.

Se alguém pensar que é muito pouco, dar-lhe-ei o seguinte exemplo bastante fácil, que provará que os trabalhadores recebem exatamente o mesmo valor que receberiam numa distribuição — absolutamente justa — do produto inteiro entre eles. O trabalhador n° 5 recebe, no caso [p. 270] de uma distribuição, 1.000 dólares logo no fim do seu ano de serviço e, no caso de um contrato de salário, a mesma quantia no mesmo tempo. O trabalhador n° 4 recebe, no caso de distribuição, 1.050 dólares, um ano depois de concluído seu ano de trabalho; tratando-se de contrato de salário, receberia 1.000 imediatamente depois do ano de trabalho. Se durante um ano colocar essa quantia a juros, estará exatamente na mesma situação em que estaria no caso de uma distribuição de cotas: terá 1.050 dólares um ano depois de concluir seu trabalho. O trabalhador n° 3 recebe, com a distribuição de cotas, 1.100 dólares dois anos depois de terminar seu trabalho; no caso de um contrato de salário, os 1.000 que receberia imediatamente, a juros, cresceriam para 1.100 dólares no mesmo período. E, assim, finalmente, os 1.000 dólares que os trabalhadores 1 e 2 recebem, com o acréscimo dos juros, completarão perfeitamente os 1.200 e 1.150 dólares que teriam recebido em caso de distribuição de cotas, quatro e três anos depois de concluído seu serviço. Mas se cada salário se equipara à cota de distribuição equivalente, naturalmente a soma dos salários deve equiparar-se à soma de todas as cotas: a soma de 5.000 dólares, que o empresário paga a seus trabalhadores diretamente depois de executarem seu trabalho vale exatamente o mesmo que os 5.500 dólares que poderiam ser repartidos entre os trabalhadores, ao fim de cinco anos[37].

Um pagamento maior, por exemplo um salário, pelo trabalho anual, de 1.100 dólares cada um, só seria imaginável ou se o que faz diferença para os trabalhadores, ou seja, defasagem de tempo, fosse totalmente indiferente para o empresário, ou se o empresário quisesse presentear aos trabalhadores a diferença de valor entre os 1.100 dólares presentes e futuros.

Via de regra não se deve esperar nem unia coisa nem outra de empresários privados, e não os devemos, por isso, criticar nem muito menos

---

[37] Stolzmann, *Soziale Kategorie* (p. 305 ss.) fez, em relação a este exemplo, algumas objeções que me parecem bastante secundárias, além de errôneas. Partindo da opinião equivocada de que em meu grupo de trabalhadores eu quis apresentar — ou teria apresentado — uma espécie de arquétipo, um pequeno estado com economia independente e fechada em si mesma, ele argumenta que também o último trabalhador "não poderia fazer nada com a máquina pronta, não poderia prolongar com ela um só dia de sua vida" (307). Argumenta, ainda, que o pagamento do primeiro trabalhador, de 1.200 dólares ao cabo do quinto ano, é uma recompensa insuficiente para sua espera de cinco anos. "Se nesse longo tempo ele não morresse de fome" — afirma o autor da objeção — enquanto "fosse forçado a deixar no regaço as mãos ociosas e inúteis", deveria receber o pagamento por cinco anos inteiros, isto é, 5.000 dólares (308). Direi apenas, em relação a isso, que não tive intenção de dar como exemplo algum arquétipo isolado, mas pretendi descrever, e descrevi, uma sociedade de cinco pessoas, dentro da moderna vida econômica, ocupada num trabalho de produção: a construção de uma máquina. Remeto às claras palavras que usei para expressar as condições de meu exemplo, nestas páginas. Nesse exemplo fala-se, entre outras coisas, do "valor de troca" da máquina acabada. No exemplo em questão, fiz abstração apenas da divisão do trabalho — e assim mesmo só de passagem — relacionado à fabricação daquela máquina. Por isso não se pode dizer, também, que os participantes daquela operação produtiva fossem forçados a permanecer ociosos quando não estavam ocupados com ela. E quando na p. 313 Stoizmann me acusa de um "*gravis error dupli*" pelo fato de eu julgar possível que um dos trabalhadores pudesse colocar a juros até o fim do quinto ano seu salário, recebido antes dos outros, e de, com isso, ter feito o que ele chama de "rotular os trabalhadores de capitalistas junto com os empresários", devo dizer que não há, no meu exemplo, uma só palavra que exclua a possibilidade de que um ou outro dos participantes pudesse ter meios que lhe permitissem essa espera. Ao contrário, nas pp. 346 e 351 pressupus expressamente a alternativa de que os trabalhadores "não possam ou não queiram esperar". Essa passagem foi erroneamente citada por Stolzmann nas pp. 307 e 309 como "não possam e não queiram esperar". Por fim, já na nota 32 deste mesmo capítulo, afirmei claramente que com meu exemplo não pretendi *explicar* o fenômeno do juro, mas apenas ilustrar com fatos determinado raciocínio.
Objeção interessante, e bem mais profunda, foi feita pelo doutor Robert Meyer na sua excelente obra sobre *Wesen des Einkommen* (Berlim. 1887 p. 270 ss.). Mas, como o esclarecimento da sua objeção, igualmente fruto de interpretação errônea, exigiria inúmeros detalhes a respeito de minha teoria positiva de capital, deixo sua discussão para o volume II desta obra.

dizer que cometem exploração, injustiça ou roubo. Existe só *uma* pessoa de quem os trabalhadores podem esperar, como regra, aquele comportamento: o estado. Este, como entidade permanente que é, não precisa ligar tanto para a diferença de tempo entre o fornecimento e o pagamento de bens quanto os indivíduos, que têm uma existência breve. O estado — cujo objetivo mais importante é o bem-estar de todos os seus membros —, quando se trata de um bom número destes membros, pode abandonar sua postura rígida de pagar contra fornecimento e presentear em lugar de negociar. Assim, seria concebível que o estado, e só ele, aparecendo como um gigantesco empresário da produção, oferecesse aos trabalhadores, assim que o trabalho destes terminasse, o futuro valor total do seu futuro produto, em forma de salário. Se o estado *deve* fazer isso — resolvendo praticamente a questão social, em termos de socialismo —, é um problema de oportunidade, que não abordarei mais minuciosamente aqui. Repito, porém, com toda a ênfase: se o estado socialista paga aos trabalhadores como salário, agora, todo o valor futuro do seu produto [p. 271], isso não é o *cumprimento* de algum acordo mas, por motivos político-sociais, um *desvio* do princípio básico de que o trabalhador deve receber, como salário, o valor do seu produto. Portanto, não se trata da restauração de uma condição que, por natureza ou por direito, foi violada pela ambição dos capitalistas; trata-se, sim, de um gesto artificial, a partir do qual algo que não seria exequível no curso natural das coisas torna-se possível. E isso acontece através de um disfarçado presente dessa generosa entidade chamada estado aos seus membros mais pobres.

Agora, uma breve explicação prática. Reconhece-se facilmente que a situação de pagamento que descrevi por último é a que efetivamente acontece em nossa economia: esse sistema não distribui, como salário, o valor pleno do produto do trabalho, distribui uma quantia menor, porém o faz mais cedo. Na medida em que a soma total do salário, distribuída em parcelas, só é menor do que o valor final do produto final naquilo que é necessário para se manter a diferença entre bens presentes e futuros — em outras palavras, quando a cifra do salário só for menor do que o valor final do produto segundo os juros vigentes —, os trabalhadores não terão redução alguma de seus direitos ao valor total do seu produto. Receberão o produto inteiro, de acordo com sua valorização no momento em que receberem o salário. Só quando a diferença entre o salário total e o valor do produto final perfizer uma cifra superior à dos juros vigentes, é que se poderá falar, em certas circunstâncias, numa verdadeira exploração dos trabalhadores[38].

---

[38] No segundo volume desta obra procederei a exames mais detidos. Para me proteger de mal-entendidos bem como da suspeita de considerar "ganho explorador" todo ganho empresarial acima dos juros vigentes no país, acrescentarei apenas o breve comentário a seguir. A diferença entre o valor total do produto e o montante pago em salários, diferença esta que fica para o empresário, pode ser constituída de quatro

Voltemos a Rodbertus. O segundo erro decisivo de que o acusei nas últimas páginas reside justamente no fato de ele interpretar de modo injusto e ilógico o princípio de que o trabalhador deve receber *agora* todo o valor que seu produto acabado *terá um dia*.

16
Terceiro Erro de Rodbertus: O Valor da Troca de Bens é Determinado Pela Quantidade de Trabalho Neles Contida

Se examinarmos o porquê de Rodbertus ter caído nesse segundo erro, encontraremos um outro erro, um *terceiro* erro importante que vejo em sua teoria da exploração. É que ele parte da pressuposição de que o valor dos bens depende exclusivamente da quantidade de trabalho exigida para a sua produção. Se isso fosse correto, o pré-produto, ao qual se acrescentou um ano de trabalho, deveria passar a valer um quinto pleno do valor do produto acabado, para o qual foram necessários cinco anos de trabalho. E, nesse caso, a exigência de que o trabalhador [p. 272] deva receber já agora um quinto pleno daquele valor como salário seria justa.

17
Como Rodbertus, Através de uma Omissão, Realmente Deturpa os Pontos de Vista de Ricardo

Da maneira como Rodbertus apresenta aquela pressuposição, ela é indubitavelmente falsa. Para provar isso, nem é preciso desacreditar a famosa lei de valor de Ricardo, de que o trabalho é fonte e medida de todo valor. Basta chamar atenção para a existência de uma importante

---

componentes diferentes entre si:
1) Um premio de risco pelo perigo de a produção fracassar. Corretamente medido, ele será usado no decorrer dos anos para cobrir perdas efetivas e naturalmente não implica deduções do salário dos trabalhadores.
2) Uma recompensa pelo próprio trabalho do empresário, recompensa essa que naturalmente é justa e em certas circunstâncias; p. ex: no aproveitamento de alguma nova invenção do empresário, poderá ser computada segundo uma porcentagem alta, sem haver nisso injustiça contra os trabalhadores.
3) A recompensa mencionada no texto, advinda da diferença de tempo entre pagamento de salário e concretização do produto final, e medida segundo os juros vigentes.
4) Por fim, o empresário pode conseguir ganho extra, aproveitando-se da situação de miséria dos trabalhadores para reduzir ainda mais seu salário. Só esse último aspecto fere o princípio de que o trabalhador deve receber todo o valor do seu produto.

exceção a essa lei, que o próprio Ricardo registra conscienciosamente e comenta amplamente em certa passagem, e que Rodbertus, singularmente, não percebe. É o fato de que, de dois bens cuja produção custou o mesmo trabalho, aquele cujo acabamento exigiu maior quantidade de trabalho preparatório, ou mais tempo, adquire maior valor de troca. Ricardo nota esse fato de maneira singular. Ele afirma (Seção IV do Capítulo I de seus *Principles)* que "o princípio de que a quantidade de trabalho aplicado à produção de bens determina o valor relativo desses bens sofre *uma importante modificação* através do emprego de máquinas e de outro capital fixo e durável". Mais adiante (Seção V): "através da duração desigual do capital e da velocidade desigual com que este retorna ao seu dono". Então, aqueles bens em cuja produção se emprega muito capital fixo, ou capital fixo de longa duração, ou aqueles para os quais o período de retorno do capital líquido ao dono for maior, terão valor de troca mais alto do que bens que custaram imediatamente muito trabalho, mas que ou não são atingidos pelas circunstâncias referidas, ou o são apenas em grau muito reduzido. Esse valor de troca mais alto dependerá do ganho de capital exigido pelo empresário.

Nem os mais ardorosos defensores da lei do valor do trabalho podem duvidar de que essa exceção existe. Nem devem duvidar de que, em certas circunstâncias, o fator distância no tempo tenha até maior influência no valor dos bens do que a quantidade de trabalho aplicada. Lembro, por exemplo, o valor de um vinho antigo armazenado por decênios, ou o de um tronco centenário na floresta.

Mas essa exceção tem ainda outro aspecto especial. Não é preciso ser muito arguto para notar que nela reside a essência do juro de capital original: o superávit do valor de troca daqueles bens cuja produção exige determinado trabalho prévio é aquilo que fica nas mãos do empresário capitalista como ganho de capital na distribuição do valor do produto [36]. Se essa diferença de valor não existisse, também o juro de capital original não existiria. Essa diferença de valor possibilita que este juro exista e perdure, e é idêntica a ele. Nada é mais fácil de ilustrar do que isso — se é que um fato tão evidente [p. 273] precise ser comprovado. Vamos presumir três bens que, apesar de exigirem um ano de trabalho cada um para serem produzidos, implicam uma duração diferente de trabalho prévio; o primeiro necessitaria só um ano, o segundo dez anos, o terceiro vinte anos de trabalho prévio para poder realizar esse ano de trabalho. Nessas condições, o valor de troca do primeiro bem precisa cobrir o salário de um ano de trabalho, mais o juro de um ano de trabalho prévio. Mas é evidente que o *mesmo* valor de troca *não* pode cobrir o salário de um ano de trabalho, mais os juros de dez ou vinte anos de trabalho prévio. Isso só poderia acontecer se os valores de troca do segundo e do terceiro bem fossem proporcionalmente mais elevados do que o valor de troca do primeiro, embora os três tenham exigido trabalho igual. E a diferença no valor de troca é claramente a fonte de onde o juro de capital de dez e vinte anos brota — e deve brotar.

18
O Que Ricardo Apresenta Apenas Como "Exceção" Devia ter Sido sua Principal Explicação Para o Juro. Rodbertus Foi Demasiadamente "Pobre" e Sem Acuidade Como Leitor de Ricardo.

A exceção da lei de valor do trabalho apresentada por Ricardo tem a importância de ser idêntica ao principal exemplo de juro de capital original. A pessoa que quiser explicar a exceção terá, logo de início, de explicar o exemplo, e vice-versa. Sem a explicação daquela exceção, não há explicação para o problema do juro. No entanto, a exceção de que falamos é ignorada — para não dizer rejeitada — em ensaios cujo objeto é exatamente o juro de capital, o que nos coloca diante de um erro muito grave. No caso de Rodbertus, ignorar aquela exceção significou ignorar o ponto principal daquilo que lhe cabia explicar.

Não se pode desculpar esse erro dizendo que Rodbertus não pretendia levantar uma regra válida para a vida real, mas apenas uma hipótese para facilitar análises abstratas. Em algumas passagens de seus escritos, Rodbertus apresenta em forma de mera pressuposição o princípio de que todo valor dos bens é determinado pelo custo do trabalho [37]. Mas, por um lado, há passagens em que ele demonstra estar certo de que sua regra de valor também vale para a vida econômica real [38]. Por outro lado, mesmo em forma de mera suposição, uma pessoa não pode aceitar o que bem entender. Igualmente, mesmo numa pura hipótese, só se pode abstrair condições reais irrelevantes para o problema analisado. O que dizer, porém, quando, no ponto crucial de uma análise teórica sobre juro de capital, se abstrai o mais importante exemplo de juro de capital?! Quando a melhor parte do que deve ser explicado fica escamoteada "por pressuposição"?!

Rodbertus tem razão ao dizer que, quando se deseja verificar um princípio como o da renda de terra ou juro de capital, não se pode "fazer o valor subir e descer como numa dança" [39], mas que se deve supor uma regra sólida de valor. O fato de que bens com diferença temporal [p. 274] maior entre custo de trabalho e acabamento *caeteris paribus*[39]* têm valor maior, não é também uma sólida regra de valor? E essa regra de valor não é também de fundamental importância para o surgimento do juro de capital? Mesmo assim deveríamos abstrair dela como se ela fosse um fenômeno casual nas condições de mercado?! [40].

As consequências dessa singular abstração não se fizeram esperar. Uma primeira consequência já foi comentada por mim: ignorando a influência do tempo no valor do produto, Rodbertus cometeu o erro de confundir o direito do trabalhador a todo o valor presente do seu produto com o direito ao valor futuro do mesmo produto. Veremos, logo a seguir, outras consequências.

19
Quarto Erro de Rodbertus; sua Doutrina é Contraditória em Questões Importantes. Sua Lei da Tendência Geral de Equalização de Todo o Superávit Contradiz Importantes Pontos de sua Teoria do Juro em Gerai, e de sua Teoria do Juro de Terras em Particular

Uma quarta acusação que levanto contra Rodbertus é a de que sua doutrina contradiz a si mesma em pontos importantes.

Toda a teoria de renda de terras de Rodbertus se fundamenta no princípio — que ele, repetida e enfaticamente, afirma — de que o montante absoluto de "renda" que se pode obter num produto não depende do montante do capital empregado, mas unicamente da quantidade de trabalho aplicado. Supondo que numa determinada produção industrial — por exemplo, numa indústria de calçados — estejam ocupados dez trabalhadores e que cada trabalhador produza num ano um produto de valor equivalente a 1.000 dólares. O sustento mínimo — que ele recebe como salário — retira 500 dólares deste montante. Deste modo, seja qual for a quantidade de capital empregado, a renda anual do empresário será de 5.000 dólares. Caso o capital empregado seja de 10.000 dólares — com 5.000 em salários e 5.000 de material —, a renda constituirá 50% do capital. Imaginemos que numa outra produção, digamos, de objetos de ouro, tam-

---
[39] Sem modificação das demais coisas (N. *da T.*).

bém se ocupem dez trabalhadores. Suponhamos, também, que o valor do que esses trabalhadores produzem depende da quantidade de trabalho neles empregado: num produto anual de 1.000 dólares cada um, a metade fica para eles como salário, a outra metade fica para o empresário como renda. Mas como o material ouro representa um valor de capital muito mais alto do que o couro de sapateiro, nesse exemplo a renda total de 5.000 dólares advirá de um capital muito maior. Imaginemos que ele será de 200.000 dólares, dos quais 5.000 serão de salários e 195.000 de investimento em material. A renda de 5.000 dólares será, então, equivalente a um juro de apenas 2,5% do capital do negócio. Os dois exemplos estão inteiramente dentro do espírito da teoria de Rodbertus.

Por outro lado, se em quase toda a "manufatura" existe outra relação entre o número de trabalhadores (direta ou indiretamente) ocupados e a magnitude do capital empregado, pode-se concluir, também, que, em quase todas as manufaturas, o capital deveria render juros [p. 275] em porcentagens diversas, com limites muito amplos. No entanto, nem o próprio Rodbertus se atreve, a afirmar que isso realmente acontece na prática. Ao contrário, num trecho singular da sua teoria sobre a renda da terra, ele pressupõe que, devido à concorrência dos capitais, haverá em todo o campo da manufatura uma porcentagem igual de ganho. Apresentarei essa passagem textualmente. Depois de comentar que a renda advinda da manufatura é considerada inteiramente um ganho de capital, já que nela se aplicam somente bens de capital, ele prossegue:

"Há, além disso, uma porcentagem de ganho de capital que agirá como equiparadora dos ganhos de capital. Por isso também sobre o capital necessário à agricultura se deve calcular, segundo esta porcentagem equiparadora, o ganho de capital referente àquela parte da renda que recai sobre o produto bruto. Se, como resultado do valor de troca estabelecido, agora existe um critério uniforme para expressar a relação entre rendimento e capital, esse mesmo critério serve, quando se trata da parcela da renda que recai sobre o produto da manufatura, para expressar a relação entre ganho e capital. Em outras palavras, poderemos dizer que o ganho numa indústria equivale a X por cento do capital aplicado. Então, a porcentagem de ganho de capital dará o critério para a equiparação dos ganhos de capital. *Naquelas indústrias em que essa porcentagem de ganho de capital acusar ganhos maiores, a concorrência providenciará maior aplicação de capital, provocando, assim, um esforço geral no sentido da equiparação dos ganhos.* Por isso, ninguém aplicará capital onde não puder esperar ganhos segundo essa porcentagem." [41].

Vale a pena examinar melhor essa passagem.

Rodbertus aponta a concorrência como fator que garantirá uma porcentagem uniforme de ganho no campo da manufatura. E comenta isso brevemente. Pressupõe que qualquer porcentagem de ganho acima da média baixará ao nível médio em decorrência de um aumento da aplicação de capital. Podemos deduzir, então, que qualquer porcentagem de ganho mais baixa será erguida ao nível médio pela dispersão de capitais.

Levemos adiante nosso exame dos fatos, pois Rodbertus interrompe bruscamente o seu. De que modo uma maior aplicação de capital pode nivelar uma porcentagem de ganho anormalmente alta? Obviamente isso só acontece porque, com o capital aumentado, a produção do artigo em foco cresce, e em razão do crescimento da oferta o valor de troca do produto baixa tanto que, depois de descontados os salários, sobra como renda apenas a porcentagem de ganho comum. Em nosso exemplo da indústria de calçados, teríamos de imaginar da seguinte forma o nivelamento da porcentagem anormal de ganho de 50% para a porcentagem média de 5%: atraídas pelo ganho elevado de 50%, não só inúmeras pessoas retomarão a fabricação de sapatos, como também os atuais produtores de calçados aumentarão sua produção. Com isso, a oferta de calçados cresce [p. 276], e seu preço — seu valor de troca — baixa. Esse processo terá efeito até o ponto em que o valor de troca do produto anual de dez trabalhadores da indústria de calçados baixar de 10.000 dólares para 5.500. Assim, depois de descontar os salários necessários de 5.000 dólares, o empresário ficará com apenas 500 dólares de renda, que, repartidos num capital de 10.000 dólares, lhe darão o juro comum de 5%. Assim, o valor de troca dos calçados terá de se manter no ponto atingido para que o ganho nessa indústria não volte a crescer anormalmente, o que levaria à repetição do processo.

De maneira análoga, a porcentagem de ganho abaixo do normal de 2,5%, no nosso exemplo da manufatura de objetos de ouro, subirá para 5%. Este lucro insignificante restringirá a manufatura de ouro, reduzindo a oferta em produtos de ouro e aumentando, consequentemente, seu valor de troca, até o ponto em que o produto de dez trabalhadores no ramo de ourivesaria atinja um valor de troca de 15.000 dólares. Ai, então, vão restar, depois da dedução dos salários necessários de 5.000 dólares, os 10.000 dólares de renda para o empresário, que equivalem ao juro costumeiro de 5% sobre o capital empregado, que era de 200.000 dólares. Com isso, chegou-se ao ponto de estabilização, no qual o valor de troca de objetos de ourivesaria poderá firmar-se duradouramente, como acima vimos acontecer com o valor dos calçados.

É um aspecto importante este de que o nivelamento de porcentagens anormais de ganhos não possa acontecer sem uma mudança duradoura no valor de troca dos produtos envolvidos. Antes de prosseguir, desejo tocar em outra faceta desta questão para que ela fique totalmente isenta de dúvidas. Se o valor de troca dos produtos não mudasse, uma porcentagem de ganho insuficiente só poderia voltar ao nível normal caso se cobrisse a diferença com o salário indispensável ao trabalhador. Se, no nosso exemplo, o produto dos dez trabalhadores na manufatura de objetos de ouro se mantivesse com o valor imutável de 10.000 dólares — correspondente à quantidade de trabalho empregado —, um nivelamento da porcentagem de ganho de 5%, ou seja, um aumento do ganho de 5.000 para 10.000 dólares não seria possível senão com retirada total do salário de 500 dólares de cada trabalhador, ficando o produto inteiro como ganho para o capitalista. Abstraí aqui totalmente o fato de que essa suposição já é, em si, uma impossibilidade. Desejo apenas lembrar que ela contraria tanto a experiência quanto a própria teoria de Rodbertus. Contraria a experiência porque esta mostra que a limitação niveladora da oferta em um ramo de produção não tem, como efeito regular, a redução do salário, mas, sim, o aumento do preço do produto regular. Além do mais, essa suposição ignora que, nessas indústrias que exigem grande investimento de capital, o salário teria de ser bem mais baixo do que em outras. Por outro lado, pela experiência [p. 277], também não comprova que a exigência de ganho maior seja repassada aos salários, e não aos preços dos produtos. Essa suposição contraria, ainda, a própria teoria de Rodbertus, que pressupõe que os trabalhadores recebem permanentemente como salário o custo mínimo de sua subsistência, regra fortemente infringida pelo nivelamento acima descrito.

Seria fácil, por outro lado, provar o contrário, ou seja, que só poderia haver uma diminuição dos ganhos exagerados com valor de produto inalterado, caso na indústria o salário dos trabalhadores fosse elevado a níveis acima do normal, o que também contradiz essa teoria de Rodbertus bem como a experiência. Estou certo de que descrevi o problema do nivelamento de ganhos conforme os fatos e conforme as pressuposições de Rodbertus, ao mostrar que o nivelamento de ganhos excessivos é obtido através de alterações, reduções ou aumentos do valor de troca dos produtos em questão.

No entanto, se admitimos que o produto anual de dez trabalhadores na indústria calçadista tem valor de troca de 5.500 dólares, e que o produto anual de dez trabalhadores em ourivesaria vale 15.000 dólares, como preconiza a equiparação de ganhos imaginada por Rodbertus, como fica a ideia desse mesmo Rodbertus, de que produtos se trocam com base no custo do trabalho? A contradição em que Rodbertus se envolveu é tão evidente quanto insolúvel. Ou os produtos realmente se trocam de maneira duradoura segundo o trabalho neles despendido, dependendo o montante da renda numa produção da quantidade de trabalho neles aplicado — e, neste caso, é impossível nivelar o ganho de capital —; ou existe esse nivelamento — e, nesse caso, é impossível que os produtos continuem a ser trocados segundo o trabalho neles despendido, e que a quantidade de trabalho despendido seja o único fator a condicionar a soma da renda a ser obtida. Rodbertus teria notado essa contradição tão óbvia se, ao invés de se ater a uma frase superficial sobre o efeito nivelador da concorrência, tivesse pensado seriamente, por pouco que fosse, no fenômeno do nivelamento de superávit.

Mas não é só isso. Toda a explicação sobre a renda de terras — que em Rodbertus se liga tão intimamente à explicação do juro de capital — se baseia numa inconsequência de tal modo evidente, que só por [p. 278] uma distração quase inacreditável pode ter passado despercebida a este autor.

Só é possível uma das duas alternativas: ou acontece um nivelamento de ganhos de capital em função da concorrência, ou este nivelamento não acontece. Admitamos que ele aconteça: qual seria a justificativa para o fato de Rodbertus presumir que o nivelamento, depois de atingir todo o terreno da manufatura, há de parar como que por encanto na fronteira da produção bruta? No caso da agricultura, que não permite um ganho mais elevado e atraente, por que motivo não se deveria aplicar mais capital, por que não se aumentaria o cultivo, buscando outros métodos, melhorando a cultura até o ponto em que o valor dos produtos brutos se harmonizasse com o capital agrícola crescente, passando a lhe conceder também a porcentagem habitual de ganhos? Se a "lei" de que a quantidade de renda não depende do gasto de capital, mas sim da quantidade de trabalho despendido, não impediu o nivelamento da manufatura, por que impediria o da produção bruta? Onde fica então o constante superávit sobre a porcentagem habitual de ganhos, ou da renda sobre a terra?

Vejamos a outra alternativa: o nivelamento não acontece. Neste caso, não existe porcentagem de juros vigente e geral, e falta, também à agricultura, uma certa norma para a cifra que se pode calcular, em "renda" como ganho de capital. Então faltará também, por fim, uma fronteira entre ganho de capital e renda de terra. Por isso, haja ou não haja equiparação de ganhos, em qualquer das duas alternativas, a teoria de renda sobre a terra, de Rodbertus, fica solta no ar. Portanto, são contradições sobre contradições, que ocorrem não em aspectos de somenos importância, mas nos princípios básicos da teoria!

20
Quinto Erro de Rodbertus: O Erro "Geral" e Espantoso que o Incapacita de dar Qualquer Explicação Sobre um Aspecto Importante do Fenômeno do Juro

Até aqui dirigi minha crítica contra detalhes da teoria de Rodbertus. Quero concluir, analisando a teoria como um todo. Se a teoria for correta, ela deverá ser capaz de fornecer uma explicação satisfatória para o fenômeno do juro de capital, assim como ele aparece na vida econômica real, em todas as suas manifestações. Caso a teoria não dê conta disso, estará condenada: será falsa.

Posso garantir — e prová-lo, a seguir — que a teoria da exploração de Rodbertus até seria capaz, embora muito precariamente, de tornar inteligível o ganho de juros das parcelas de capital investidas nos salários de trabalho, mas, através dela, é absolutamente impossível explicar o ganho de juros daquelas parcelas de capital aplicadas em materiais de manufatura. Vejamos.

Um joalheiro que se dedica a fazer colares de pérolas manda cinco empregados enfiarem em cordões anualmente um milhão de dólares em pérolas legítimas, e vende os colares em média após um ano. Assim [p. 279], terá investido um capital de um milhão de dólares em pérolas, que, segundo a porcentagem normal de juros, lhe darão um ganho anual líquido de 50.000 dólares. Mas como se explica que o joalheiro tenha esse ganho em juros?

Rodbertus diz que o juro de capital é um ganho originado da exploração, nascido do roubo praticado contra salários justos e naturais. Salários de que trabalhadores? Dos cinco que selecionam pérolas e as enfiam em cordões? Não pode ser, pois, se alguém que roubasse parte dos salários justos de cinco trabalhadores pudesse ganhar 50.000 dólares, o salário justo deles deveria ser de mais de 50.000 dólares, ou seja, deveria ser superior a 10.000 dólares por cada homem — cifra que não se pode levar a sério, pois o trabalho de selecionar e enfiar pérolas muito pouco difere de qualquer trabalho não especializado.

Examinemos melhor a questão: talvez o joalheiro consiga esse ganho explorador a partir do produto do trabalho de trabalhadores em algum estágio anterior da produção. Mas ocorre que o joalheiro nem teve contato com esses trabalhadores; ele comprou as pérolas do empresário da pesca de pérolas, ou até de algum intermediário: portanto, ele nem teve ocasião de tirar dos pescadores de pérolas uma parte de seu produto ou do valor dele. Talvez, em lugar dele, tenha feito isso o empresário da pesca de pérolas, nascendo, assim, o ganho do joalheiro, de uma redução de salários imposta por esse empresário a seus trabalhadores. Também isto é impossível, pois obviamente o joalheiro teria seu ganho mesmo que o empresário da pesca de pérolas não deduzisse nada dos salários de seus trabalhadores.

Mesmo que este dividisse entre seus trabalhadores todo o milhão que valem as pérolas pescadas e que ele recebeu como preço de compra do joalheiro, só conseguiria não ter lucro, mas de maneira alguma poderia prejudicar o lucro do joalheiro. Pois, para o joalheiro, a maneira como vai ser dividido o preço de compra que pagou — caso este não se tenha elevado — é totalmente indiferente. Portanto, por mais que forcemos nossa fantasia, será vão procurarmos os trabalhadores de cujo salário justo poderia ter sido subtraído o ganho de 50.000 dólares do joalheiro.

Talvez esse exemplo ainda deixe escrúpulos em algum leitor. Talvez alguns julguem estranho que o trabalho de cinco enfiadores de pérolas seja a fonte da qual o joalheiro consiga um ganho tão considerável, de 50.000 dólares. No entanto, mesmo parecendo estranho, o exemplo não é, em absoluto, inconcebível. Quero dar um segundo exemplo, ainda mais convincente. Trata-se, aliás, de um bom exemplo, bem antigo, a partir do qual muitas teorias de juros já foram propostas e refutadas no curso dos tempos.

O dono de uma vinha colheu um barril de bom vinho novo, vinho este que tem, logo depois da colheita, um valor de troca de 100 dólares [p. 280]. Deixou o vinho no porão, e, depois de doze anos de envelhecimento, esse vinho adquiriu um valor de troca de 200 dólares. O fato é conhecido. A diferença de 100 dólares ficou para o dono do vinho, como juro de capital aplicado no vinho. De que trabalhadores ele extorquiu esse ganho de capital?

Como, durante o armazenamento, não houve absolutamente nenhum trabalho relacionado ao vinho, só se pode concluir que os explorados foram aqueles trabalhadores que produziram o vinho novo. O vinhateiro lhes teria pago um salário insuficiente. Mas, pergunto eu, como lhes poderia ter pago um "salário justo"? Mesmo que ele lhes pagasse todos os 100 dólares que o vinho novo valia na época da colheita, ainda continuaria com o acréscimo de valor de 100 dólares, que Rodbertus rotula de ganho de exploração. Mesmo que lhes pagasse 120 ou 150 dólares, ainda seria acusado de exploração. E só se livraria dessa nódoa se pagasse todos os 200 dólares.

É possível querer, em sã consciência, que sejam pagos duzentos dólares "como justo salário de trabalho" por um produto que não vale mais de *cem dólares?* O proprietário poderia saber, de antemão, que o produto algum dia valerá 200 dólares?

Ou então, não poderia ser forçado a contrariar sua intenção inicial, e gastar ou vender o vinho antes dos doze anos? E, neste caso, ele não teria pago 200 dólares por produto que nunca iria valer mais de 100, ou talvez de 120 dólares? Quanto, então, teria de pagar aos trabalhadores que produzem o vinho que ele vende antes do envelhecimento por 100 dólares? Também a estes deveria dar 200 dólares? Se fosse assim, ele ficaria arruinado. Ou será que deve pagar-lhes só 100 dólares? Nesse caso, trabalhadores diferentes receberão por trabalho absolutamente igual salários diferentes, o que é novamente injusto. E não se levou em conta, aqui, o fato de que dificilmente se pode saber antecipadamente qual dos produtos será vendido logo, e qual deles será armazenado durante doze anos.

E ainda há mais: mesmo o salário de 200 dólares por um barril de vinho novo ainda poderia vir a ser considerado como explorador. Pois o dono pode armazenar o vinho no porão durante vinte e quatro anos em vez de doze; o vinho, então, já não valerá apenas 200, mas sim 400 dólares. Será que, por isso, os trabalhadores que produziram esse vinho 24 anos atrás seriam, por justiça, credores de *quatrocentos dólares?* A ideia é absurda demais! Mas se o proprietário lhes pagar só 100 dólares — ou mesmo 200 dólares — terá um ganho de capital, e Rodbertus declara que, com isso, estará reduzindo o salário justo do trabalhador, uma vez que retém parte do valor do seu produto!

21
CRÍTICA FINAL À DOUTRINA DE JUROS DE RODBERTUS: A) MAL FUNDAMENTADA; B) CONCLUSÕES FALSAS; C) CONTRADITÓRIA

Não creio que alguém se atreva a afirmar que os casos de obtenção de juros aqui apresentados, e inúmeros casos análogos, fiquem *esclarecidos* pela doutrina de Rodbertus. O fato é que uma teoria que fica devendo explicação para parte importante dos fenômenos a serem explicados não pode ser verdadeira. Sendo assim, esta sumária análise final leva aos mesmos resultados da crítica detalhada que a antecedeu; a teoria da exploração de Rodbertus é falsa em sua fundamentação e em seus resultados, contradiz-se a si mesma, e contradiz os fatos reais [p. 281].

A natureza de minha tarefa crítica fez com que nas folhas acima eu tivesse de apontar apenas alguns dos erros em que Rodbertus incorreu. Creio dever à memória desse grande homem o reconhecimento do mérito inegável de sua contribuição para o desenvolvimento da teoria econômica, embora não faça parte de minha tarefa atual descrever tais méritos.

PARTE IV

A TEORIA DO JURO DE MARX[1]

---

[1] *Zur Kritik der politischen Ökonomie.* Berlim, 1859. *Das Kapital. Kritik, de politischen Ökonomie*, 3 vol., 1867: 1894. Cp. sobre Marx o artigo "Marx", de Engels, no *Handwôrterbuch des Stàats-wissenschaften.* (além de lista completa de escritos de Marx, na 3 edição no *Handwörterbuch,* completado por K. Diehl); cp. também Knies, *Das Geld,* 2. ed. 1885, (p. 153 ss); A. Wagner em sua *Grundlegung der politischen Ökonomie,* 3. ed. passim. especialmente II (p. 285 ss); Lexis nos *Jahrbücher* de Conrad. 1885, nova série, XI (p. 452 ss), Gross, *K. Marx,* Lípsia, 1885; Adler, *Grundlagen der Marxschen Kritik der bestehenden Volkswirtschaft,* Tubingen, 1887; Komorozynski, *Der dritte Band von Karl Marx: Das Kapital,* in *Zeitschrift für Volkswirtschaft, Sozialpolitik und Verwaltung,* Vol. VI (p. 242 ss); Wenckstern, *Marx,* Leipzig, 1896; Sombart, "Zur Kritik des ökonomischen Systems von Karl Marx", *Archiu für sozialistische Gesetzgebuns und Statistik* (Vol. VII, Cad. 4, p. 555 ss); meu texto "Zum Abschluss des Marxschen Systems" in *Festgaben für Karl Knies,* Berlim, 1896 (publicado em livro em russo, em Petersburgo, 1897 e em inglês, em Londres, 1898); Diehl, "Über das Verhältnis von Wert und Preis im ökonomischen System vom Karl Marx", reprodução de *Festschrift zur Feier des 25 jähringen* Bestehens des *staatswissenschajtlichen Seminars zu Halle a. S.,* Jena, 1898; Masaryk, *Die Philosophischen und sozioiogischen Grundlagen des Marxismus,* Viena, 1899; Tugan-Baranowski, *Theoretische Grundlagen des Marxismus,* Lípsia, 1905; v. Bortkiewicz, "Wertrechnung und Preisrechnung im Marxschen System" in *Archiv für Sozialwissenschaft un Sozialpolitik,* Vol. 23 *e* 25; e muitos outros textos da imensa e ainda crescente literatura sobre Marx.

Capítulo 1

Apresentação Detalhada da Teoria de Marx

O principal trabalho teórico de Marx é sua grande obra em três volumes, sobre o capital. Os fundamentos de sua teoria da exploração estão expostos no primeiro destes volumes, o único a ser publicado em vida do autor, em 1867. O segundo, editado postumamente por Engels, em 1885, está em total harmonia com o primeiro, quanto ao conteúdo. Menos harmônico é sabidamente o terceiro volume, publicado novamente após intervalo de vários anos, em 1894. Muitas pessoas, entre elas o autor destas linhas, acreditam que o conteúdo do terceiro volume seja incompatível com o do primeiro, e vice-versa. Mas, como o próprio Marx não admitiu isso e, ao contrário, também no terceiro volume exigiu que se considerassem totalmente cálidas as doutrinas do primeiro, a crítica deve considerar as teses expostas nesse primeiro livro expressão da verdadeira e permanente opinião de Marx. Mas é igualmente válido — e necessário — abordar no momento adequado as doutrinas do terceiro volume como ilustração e crítica.

1
A Teoria de Marx Sobre Juro é mais Extremista que a de Rodbertus

Marx parte do princípio de que o valor de toda mercadoria depende unicamente da quantidade de trabalho empregada em sua produção. Dá muito mais ênfase a esse princípio do que Rodbertus. Enquanto este o menciona de passagem, no correr da exposição, muitas vezes apenas como hipótese, sem gastar tempo em sua comprovação[1], Marx o coloca no ápice de sua teoria, dedicando-lhe uma explicação extensa e fundamentada. O campo de pesquisa que Marx se propõe examinar

---

[1] Lifschitz, *Zur Kritik der Böhm-Bawerkschen Werttheorie*, Lípsia, 1908 (p. 16). O autor pretende ter-me apanhado numa contradição citando essa observação e a "séria defesa" de Rodbertus, num trecho anterior de meu livro (acima, p. 257 ss). Parece-me que ou leu muito superficialmente, ou pensou tão superficialmente, que troca entre si duas teses diferentes. Na verdade Rodbertus defendeu a tese de que todos os bens economicamente custam apenas trabalho, enquanto eu falo aqui de uma tese bem diferente, de que o *valor* dos bens se determina unicamente pela *quantidade* de trabalho. Lifschitz poderia ter dado alguma atenção à diferença bastante grande entre as duas teses, nem que fosse somente pela postura totalmente diversa que assumi acima na p. 262 ss, e 271 ss em relação a elas!

para "entrar na pista do valor" (I, p. 23)[2] fica limitado originalmente às *mercadorias*, o que, para Marx, não significa todos os bens econômicos, mas apenas os *produtos* de trabalho criados para o mercado[3]. Ele começa com uma análise da mercadoria (I, p. 9). A mercadoria é, por um lado [p. 282], uma coisa útil cujas qualidades satisfazem algum tipo de necessidade humana, um valor de uso; por outro, constitui o suporte material do valor de troca. A análise passa agora para este último. "O valor de troca aparece de imediato como a relação quantitativa, a proporção na qual valores de uso de um tipo se trocam com valores de uso de outro tipo, relação essa que muda constantemente, conforme tempo e lugar. " Portanto, parece ser algo casual. Mas nessa troca deveria haver algo de permanente, que Marx trata de pesquisar. E faz isso na sua conhecida maneira dialética: "Tomemos duas mercadorias, p. ex., trigo e ferro. Seja qual for a sua relação de troca, pode-se representá-la sempre numa equação segundo a qual uma quantidade dada de trigo é igualada a uma quantidade de ferro, p. ex., um *moio* de trigo, x quintais de ferro. O que significa essa equação? Que existe algo de comum, do mesmo tamanho, em duas coisas diferentes, ou seja, em um *moio* de trigo e x quintais de ferro. Portanto, as duas coisas se equiparam a uma terceira, que em si não é nem uma nem outra. Cada uma das duas, portanto, na medida em que tem valor de troca, deve ser reduzível a essa terceira".

2
Dialética do Valor em Marx

"Esse elemento comum — prossegue Marx — não pode ser uma característica métrica, física, química, ou outra característica natural das mercadorias. Suas características corporais, aliás, só entram em consideração na medida em que as tornam úteis, e são, portanto, valores de uso. Mas, por outro lado, a relação de troca das mercadorias aparentemente se caracteriza por se abstrair dos valores de uso dessas mercadorias. Segundo ela, o valor de uso vale tanto quanto qualquer outro, desde que apareça na proporção adequada. Ou, como diz o velho Barbon: '... Um tipo de mercadoria é tão bom quanto outro, quando seu valor de troca for igual. Não existe distinção entre coisas do mesmo valor de troca.' Como valores de uso, as mercadorias são

---

[2] Cito o Vol. I de, *O capital* de Marx sempre a partir da (segunda) edição de 1872, o Vol. II segundo a ed. de 1885, o Vol. III segundo a de 1894. Salvo menção explícita, os comentários sobre o Vol. III referem-se à sua primeira parte.

[3] I, p. 15, 17, 49 e 87 e outras. Cf. também Adler, *Grundlagen der Karl Marxschen Kritik der bestehenden Volkswirtschaft*, Tübingen, 1887 (p. 210 e 213).

principalmente de qualidades diferentes, como valores de troca só podem ser de quantidades diferentes e, portanto, não contêm um átomo sequer de valor de uso."

"Abstraindo o valor de uso das mercadorias, elas guardam ainda uma característica, a de serem produtos de trabalho. No entanto, também o produto de trabalho já se transformou em nossas mãos. Se abstrairmos o seu valor de uso, também estaremos abstraindo os elementos e formas corporais que o tornam valor de uso. Não se trata mais de mesa, ou casa, ou fio, ou outra coisa útil. Todas as suas características sensoriais estão apagadas. Ele também já não é o produto da marcenaria, ou da construção, ou da tecelagem, ou de qualquer trabalho produtivo. Com o caráter utilitário dos produtos de trabalho, desaparece o caráter utilitário dos trabalhos neles efetuados, e somem também as diversas formas concretas desses trabalhos. Eles já não se distinguem entre si [p. 283]: reduziram-se todos ao mesmo trabalho humano, trabalho humano abstrato."

"Consideremos agora o que restou dos produtos de trabalho. Nada resta deles senão aquela mesma objetualidade espectral, mera gelatina de trabalho humano indistinto, ou seja, o gasto de forças de trabalho humanas sem consideração pela forma desse dispêndio. Essas coisas apenas nos dizem que na sua produção se gastou força de trabalho humano, se acumulou trabalho humano. Como cristais dessa substância social comum, eles são valores."

Assim se define e se determina o conceito de valor. Segundo a teoria dialética, ele não é idêntico ao valor de troca, mas relaciona-se com ele de maneira íntima e inseparável: ele é uma espécie de destilado conceitual do valor de troca. Para usar as palavras do próprio Marx, ele é "a parte comum que aparece na relação de troca ou valor de troca das mercadorias". O reverso é igualmente válido: "o valor de troca é a expressão necessária ou a manifestação do valor" (I, p. 13).

3
O "Tempo de Trabalho Socialmente Necessário" de Marx

Marx passa da determinação do conceito de valor para a exposição de sua medida e grandeza. Como o trabalho é a substância do valor, consequentemente a grandeza do valor de todos os bens se mede pela quantidade de trabalho neles contido, ou seja, pelo tempo de trabalho. Mas não aquele tempo de trabalho individual, que aquele indivíduo que produziu o bem casualmente precisou gastar, mas o "tempo de trabalho necessário para produzir um valor de uso, nas condições sociais normais de produção disponíveis, e com o grau de habilidade e intensidade do trabalho possíveis nessa sociedade" (I, p. 14). "Só a quantidade de trabalho socialmente necessário ou o tempo de trabalho socialmente necessário para produzir um valor de uso é que determina o seu valor. A mercadoria isolada vale aqui como exemplo médio da sua espécie. Mercadorias contendo igual quantidade de trabalho, ou que podem ser produzidas no mesmo tempo de trabalho, têm por isso o mesmo valor. O valor de uma mercadoria relaciona-se com o valor de outra mercadoria, da mesma forma que o tempo de trabalho necessário para a produção de uma delas se relaciona com o tempo de trabalho necessário para a produção da outra. Como valores, todas as mercadorias são apenas medidas de tempo de trabalho cristalizado."

4
A "Lei de Valor" de Marx

De tudo isso deduz-se o conteúdo da grande "lei de valor", que é "imanente à troca de mercadorias" (I, pp. 141 e 150) e que domina as condições de troca. Essa lei significa — e só pode significar — que as mercadorias se trocam entre si segundo as condições de trabalho médio, socialmente necessário, incorporado nelas (p. ex., I. p. 52). Há outras formas de expressão da mesma lei; as mercadorias *"se trocam entre si conforme seus valores"* (p. ex., I. pp. 142, 183; III, p. 167); ou "equivalente se troca com equivalente" (p. ex., I, p. 150. p. 183). E verdade que, em casos isolados, segundo oscilações momentâneas de oferta e procura, também aparecem preços que estão acima ou abaixo do valor. Só que essas "constantes oscilações dos preços de mercado (...) [p. 284] se compensam, se equilibram mutuamente e se reduzem ao preço médio, que é sua regra interna" (I, p. 151, nota 37). Mas a longo prazo "nas relações de troca casuais e sempre variáveis", "o tempo de trabalho socialmente necessário acaba sempre impondo-se à força, como lei natural imperante" (I. p. 52).

Marx considera essa lei como "eterna lei de troca de mercadorias" (I, p. 82), como "racional", como "a lei natural do equilíbrio" (III, p. 167). Os casos eventuais em que mercadorias são trocadas a preços que se desviam do seu valor são considerados "casuais" em relação à regra (I, p. 150, nota 37), e os próprios desvios devem ser vistos como "infração da lei de troca de mercadorias" (I, p. 142).

5
A "Mais-Valia" de Marx

Sobre essa base da teoria do valor, Marx ergue a segunda parte de sua doutrina, a sua famosa *doutrina da mais-valia*. Ele examina a origem dos ganhos extraídos pelos capitalistas dos seus capitais. Os capitalistas tomam determinada soma em dinheiro, transformam-na em mercadorias, e, através da venda, transformam as mercadorias em mais dinheiro — com ou sem um processo intermediário de produção. De onde vem esse incremento, esse excedente da soma de dinheiro obtida em relação à soma originalmente aplicada, ou, como diz Marx, essa "mais-valia"?

Marx começa limitando as condições do problema, na sua peculiar maneira de exclusão dialética. Primeiro, ele explica que a mais-valia não pode vir do fato de que o capitalista, como comprador, compra as mercadorias regularmente abaixo do seu valor e, como vendedor, regularmente as vende acima do seu valor. Portanto, o problema é o seguinte: "Nosso (...) dono do dinheiro tem de comprar as mercadorias pelo seu valor, e vendê-las pelo seu valor, mas, mesmo assim, no fim do processo, tem de extrair delas valor mais alto do que o que nelas aplicou... Essas são as condições do problema. *Hic Rhodus, hic salta!*[4]" (I, p. 150 ss).

Marx encontra a solução dizendo que existe uma mercadoria cujo valor de uso tem a singular faculdade de ser fonte de valor de troca. Essa mercadoria é a capacidade de trabalho, ou seja, a força de trabalho. Ela é posta à venda no mercado sob dupla condição: a primeira, de que o trabalhador seja pessoalmente livre — caso contrário não seria a força de trabalho o que ele estaria vendendo, mas ele próprio, sua pessoa, como escravo; a segunda, de que o trabalhador seja destituído "de todas as coisas necessárias para a realização de sua força de trabalho", pois, se delas dispusesse, ele preferiria produzir por conta própria, pondo à venda seus produtos, em vez de sua força de trabalho. Pela negociação com essa mercadoria, o capitalista obtém a mais-valia. O processo se dá da seguinte forma:

O valor da mercadoria "força de trabalho" depende, como o de qualquer outra mercadoria [p. 285], do tempo de trabalho necessário para sua produção, o que, nesse caso, significa que depende do tempo de trabalho necessário para produzir todos os alimentos que são indispensáveis à subsistência do trabalhador. Se, por exemplo,

---
[4] Aqui é Rodes, então salte aqui! (N. *da T.*).

para os alimentos necessários para um dia for preciso um tempo de trabalho de seis horas, e se esse tempo de trabalho corporificar três moedas de ouro, a força de trabalho de um dia poderia ser comprada por três moedas de ouro. Caso o capitalista tenha efetuado essa compra, o valor de uso da força de trabalho lhe pertence, e ele a concretiza fazendo o trabalhador trabalhar para ele. Se o fizesse trabalhar apenas as horas diárias corporificadas na força de trabalho pelas quais ele teve de pagar quando comprou essa força de trabalho, não existiria a mais-valia. Ou seja, seis horas de trabalho não podem atribuir ao produto em que se corporificam mais do que três moedas, uma vez que foi isso que o capitalista pagou como salário. Contudo, os capitalistas não agem dessa maneira. Mesmo que tenham comprado a força de trabalho por um preço que corresponde só a seis horas de trabalho, fazem o trabalhador trabalhar o dia todo. Então, no produto criado durante esse dia, se corporificam mais horas de trabalho do que as que o capitalista pagou, o que faz o produto ter valor mais elevado do que o salário pago. A diferença é a "mais-valia", que fica para o capitalista.

Tomemos um exemplo: suponhamos que um trabalhador possa tecer em seis horas cinco quilos de algodão em fio, com o valor de três dólares. Suponhamos, também, que esse algodão tenha custado vinte horas de trabalho para ser produzido e que, por isso, tem um valor de dez dólares; suponhamos, ainda, que o capitalista tenha despendido, na máquina de tecer, para estas seis horas de tecelagem, o correspondente a quatro horas de trabalho, que representam um valor de dois dólares. Assim, o valor total dos meios de produção consumidos na tecelagem (algodão + máquina de tecer) equivalerá a doze dólares, correspondentes a vinte e quatro horas de trabalho. Se acrescentarmos a isso as seis horas do trabalho de tecelagem, o tecido pronto será pois, no total, produto de trinta horas de trabalho, e terá, por isso, valor de quinze dólares. Se o capitalista deixar o trabalhador alugado trabalhar apenas seis horas por dia, a produção do fio vai custar-lhe 15 dólares: 10 pelo algodão, 2 pelo gasto dos instrumentos, 3 em salário. Não existe mais-valia.

Muito diferente seriam as circunstâncias se este mesmo capitalista fizesse o trabalhador cumprir 12 horas diárias. Nestas 12 horas, o trabalhador processaria 10 quilos de algodão, nos quais já teriam sido corporificadas, anteriormente, 40 horas de trabalho, com um valor de 20 dólares. Os instrumentos teriam consumido o produto de 8 horas de trabalho, no valor de 4 dólares, mas o trabalhador acrescentaria ao material bruto um dia de 12 horas de trabalho, ou seja, faria surgir um valor adicional de 6 dólares. As despesas do capitalista — 20 dólares pelo algodão, 4 dólares pelo gasto dos instrumentos, e 3 pelo salário — somariam apenas 27 dólares, Iria, então, sobrar uma "mais-valia" de 3 dólares.

Portanto, para Marx, a mais-valia é uma consequência do fato [p. 286] de o capitalista fazer o trabalhador trabalhar para ele sem pagamento durante uma parte do dia. O dia de trabalho se divide, assim, em duas partes: na primeira, o "tempo de trabalho necessário", o trabalhador produz seu próprio sustento, ou o valor deste; por essa parte do trabalho, ele recebe o equivalente em forma de salário. Durante a segunda parte, o "superávit em tempo de trabalho", ele é "explorado", e produz a "mais-valia", sem receber qualquer equivalente por ela (I, p. 205 ss). "Portanto, o capital não é apenas controle sobre o trabalho, como diz A. Smith, é essencialmente controle sobre o trabalho não pago. Toda a mais-valia, seja qual for a forma em que vá se cristalizar mais tarde — lucro, juro, renda etc. — é, substancialmente, materialização de trabalho não pago. O segredo da autovalorização do capital reside no controle que exerce sobre determinada quantidade de trabalho alheio não "pago." (I, p. 554).

6
AS INOVAÇÕES DE MARX COMPARADAS COM AS DE RODBERTUS

Esse é o cerne da teoria da exploração de Marx, exposta no Volume I de *O capital*. No Volume III, essa teoria talvez tenha sido involuntariamente contraditada mas nunca foi revogada, segundo ainda veremos. O leitor atento reconhecerá nessa exposição — embora parcialmente revestidas de outra forma — todas as teorias essenciais a partir das quais Rodbertus já havia construído sua teoria do juro. Por exemplo, as teorias de que o valor dos bens se mede pela quantidade de trabalho; de que só o trabalho cria valor; de que o trabalhador recebe em seu salário menos valor do que criou, forçado por sua miséria, sendo o excesso tomado pelo capitalista; de que o ganho de capital assim conseguido tem, portanto, um caráter de saque, de lucro sobre trabalho alheio.

Devido à consonância entre as duas teorias — ou, melhor, entre as duas formulações da mesma teoria — quase tudo o que apresentei como objeção à doutrina de Rodbertus também vale, plenamente, para a de Marx. Por isso, posso agora limitar-me a algumas exposições complementares, que julgo necessárias, em parte para adequar minha crítica à singular formulação de Marx, em parte para tratar de uma verdadeira inovação introduzida por Marx.

Entre essas inovações, a mais importante é a tentativa de afirmar e fundamentar o princípio de que todo valor se baseia em trabalho. Em relação a Rodbertus, combati esse princípio tão incidentalmente como ele o apresentou: contentei-me com a inclusão de algumas exceções indiscutíveis, sem ir ao fundo do assunto. Em relação a Marx, não posso nem quero fazer isso [p. 287]. Encontro-me num terreno que foi inúmeras vezes palmeado por excelentes intelectuais, em discussões teóricas, de modo que não posso esperar acrescentar aí muita novidade. Mas creio que não seria bom, ao escrever um livro que tem como tema a crítica das teorias de juro, fugir da crítica profunda a um princípio que consiste no próprio fundamento de uma das mais importantes teorias. Infelizmente, também, o estado atual da nossa ciência não permite que se considere como um exercício supérfluo a renovação do exame crítico: exatamente em nossos dias[5] aquele princípio — que, na verdade, não passa de uma fábula contada certa vez por um grande homem, e desde então repetida por uma massa crédula — começa a ser aceito como evangelho em círculos cada vez maiores.

---

[5] Escrito em 1884; veja também acima Nota 19, Cap. I.

CAPÍTULO 2

Fraqueza da Prova de Autoridade de Marx, Baseada em Smith e Ricardo

Geralmente mencionam-se, não só como origem, mas também, como autoridades testemunhais da doutrina de que todo valor repousa no trabalho, dois nomes de peso: Adam Smith e Ricardo. Isso não constitui erro, mas também não é inteiramente correto. Nos textos de ambos encontra-se essa doutrina, mas por vezes Adam Smith a contradiz[6]. Ricardo, por sua vez, limita de tal forma sua validade, e a contraria com tão importantes exceções, que não é muito justo afirmar que ele considere o trabalho como fonte geral e exclusiva do valor dos bens[7]. Ele abre seus *Principles* explicando claramente que o valor de troca dos bens nasce de duas fontes: da sua *raridade*, e da *quantidade de trabalho* que custaram. Certos bens, como estátuas raras e quadros, auferiram seu valor exclusivamente da primeira fonte. Assim, só o valor daqueles bens que se deixam multiplicar ilimitadamente pelo trabalho — que são, na opinião de Ricardo, a grande maioria — é determinado pela quantidade de trabalho que custaram. Mas também em relação aos últimos bens, Ricardo se vê forçado a nova limitação. Ele precisa admitir que também em relação a eles o valor de troca não se determina só pelo trabalho: o tempo decorrido entre o dispêndio de trabalho inicial e a realização final do produto tem uma influência importante[8].

Com isso, nem Smith nem Ricardo defenderam o princípio em questão sem reservas, como se acredita popularmente. Vejamos, pois, em que bases eles o aceitaram.

7
Nem Smith nem Ricardo Fundamentaram sua Própria Obra

Aqui se pode fazer uma estranha descoberta. Smith e Ricardo nem mesmo *fundamentaram* seu princípio: apenas afirmaram sua va-

---

[6] Por exemplo, quando no Cap. 5 do Livro II ele se expressa da seguinte maneira: "Não só os criados e criadas do arrendador, mas também seus animais de carga são trabalhadores produtivos", e adiante: "Na agricultura, a natureza trabalha com os homens, e, embora seu trabalho nada custe, seus produtos têm tanto valor quanto o produto dos trabalhadores mais bem pagos." Cp. Knies, Der Kredit, Parte II (p. 62).

[7] Cf. sobre isso Verrijn Stuart em seu belo estudo "Ricardo e Marx", e meu comentário sobre isso nos *Jahrbüchern* de Conrad, III, Vol. I, 1891, (p. 877ss.).

[8] Ver p. 48 ss e Knies, *op. cit* .(p. 66 ss.).

lidade, como se esta fosse algo por si mesma evidente. As famosas palavras de Smith em relação a isso, assumidas textualmente por Ricardo em sua própria doutrina, foram: "O verdadeiro preço de cada coisa — o que cada coisa custa realmente a quem a deseja adquirir [p. 288] — equivale ao esforço e à dificuldade da aquisição. O que cada coisa *vale realmente* para aquele que a adquiriu e a deseja vender ou trocar é *o esforço e a dificuldade que essa coisa lhe poupa, e que podem ser repassados a outrem*" [9].

Aqui convém parar um pouco. Smith diz isso como se a veracidade de tais palavras fosse evidente em si. Mas serão tão óbvias assim? Valor e esforço serão realmente dois conceitos tão interligados que se tem de reconhecer, de imediato, que o esforço é razão do valor? Creio que nenhuma pessoa imparcial dirá isso. O fato de eu me ter esfalfado por uma coisa é um dado; o fato de essa coisa valer todo esse esforço é um segundo dado diferente. Por outro lado, a experiência nos mostra, de maneira indubitável, que os dois fatos nem sempre andam juntos. Cada um dos incontáveis esforços vãos, desperdiçados num resultado insignificante, seja por falta de habilidade técnica, seja por especulação errônea, ou simplesmente por infelicidade, dá testemunho disso a cada dia. Mas também o testemunha cada um dos incontáveis casos em que pouco esforço é compensado com alto valor: a ocupação de um pedaço de terra, a descoberta de uma pedra preciosa ou de uma mina de ouro. Mas, para fazer uma abstração de tais casos que se podem considerar exceções no curso regular das coisas, é um fato absolutamente normal que o mesmo esforço de pessoas diferentes terá valor bem diverso. O fruto do esforço de um mês de um artista muito bom normalmente vale cem vezes mais do que o fruto do mesmo mês de trabalho de um simples pintor de paredes. Isso não seria possível se realmente o esforço fosse o princípio do valor. Ou se, em função de uma relação psicológica, nosso julgamento de valor tivesse de se apoiar unicamente sobre critérios de esforço e dificuldade. A natureza não é tão elitista que suas leis psicológicas nos obriguem a valorizar cem vezes mais o esforço de um artista do que aquele de um modesto pintor de paredes[10]. Penso que quem se propuser a refletir um pouco sobre

---

[9] Inquiry Vol. I, Cap. V (p. 13 da ed. de MacCullogh); Ricardo, *Principles*, Cap. I.

[10] Smith diz o seguinte sobre o fenômeno mencionado no texto: "Quando um tipo de trabalho exige um grau extraordinário de habilidade e inteligência, confere-se a suas realizações — em *decorrência do respeito que tais talentos inspiram* — um valor maior do que o que corresponderia ao simples cálculo dó tempo neles despendido. Tais talentos raramente se conseguem senão após longo tempo de dedicação e *habitualmente o* valor mais alto de seus resultados é apenas um substituto barato para o tempo e esforço gastos na sua obtenção. " (Livro I, Cap. VI). É evidente que essa explicação não satisfaz. Primeiramente, é claro que o valor mais elevado dos produtos de pessoas extraordinariamente hábeis repousa em motivo bem diverso

isso, ao invés de acreditar cegamente, se convencerá de que não é possível falar numa relação interna óbvia entre esforço e valor, como a que parece pressupor aquele trecho de Smith.

Além disso, será que aquela realmente se relaciona — como em geral aceitamos sem discussão — com o valor de troca? Creio que, lendo Smith de modo imparcial, não se poderá, tampouco, afirmar isso. Não há referência nem a valor de troca, nem a valor de uso, nem a qualquer "valor" no sentido estritamente científico. Mas aqui, como já indica o termo usado *(worth,* não *value)*, Smith quis dizer que a palavra *valor* está sendo usada naquele sentido mais amplo e indeterminado da linguagem comum. Fato muito significativo! Sentindo que uma reflexão científica séria não aceitaria seu princípio, Smith se utiliza da linguagem corrente para entrar no terreno das impressões cotidianas, menos controladas. E, conforme nos mostra a experiência, ele teve sucesso, o que, para a ciência, é lamentável [p. 289].

Não se pode considerar que essa passagem seja séria do ponto de vista científico. Uma prova disso é que, em suas poucas palavras, existe uma contradição. Num mesmo fôlego, Smith admite serem princípios do "verdadeiro" valor tanto o esforço que é poupado pela posse de um bem, quanto o esforço que é repassado a outrem. Ora, essas duas medidas, todos o sabem, não são idênticas. Com a divisão de trabalho vigente, o esforço que eu pessoalmente teria de aplicar para obter a posse de certa coisa desejada é, em geral, bem maior do que o esforço com que um operário especializado a produz. Qual desses dois esforços, o "poupado" ou o "repassado", determinará o verdadeiro valor?

Em suma, a famosa passagem em que o velho mestre Adam Smith introduz o princípio do trabalho na doutrina do valor fica bem distante do que se pretende ver nela: um grande e bem fundamentado princípio científico básico. Essa passagem não é óbvia, não apresenta fundamento em palavra alguma. Além de ter a forma e a natureza negligentes de uma frase vulgar, encerra uma contradição em si mesma. Na minha opinião, o fato de ela geralmente merecer crédito deve-se a dois fatores: primeiro, ela foi emitida por um Adam Smith; segundo, ele a emitiu sem qualquer fundamentação. Se Adam Smith tivesse dirigido ao interlocutor uma só palavra que a fundamentasse — ao invés de falar ape-

---

do "respeito que tais talentos inspiram".
Quantos escritores e intelectuais passaram fome apesar de todo o respeito público por seus talentos! E quantos vigaristas inescrupulosos foram premiados com fortunas imensas, embora seus "talentos" não fossem respeitados! Mas, caso supuséssemos que respeito fosse medida de valor, não estaríamos confirmando, e sim violando, a lei de que valor se baseia em *esforço.* Quando Smith, ao atribuir aquele valor mais alto ao esforço despendido para obter uma habilidade, usa a palavra "habitualmente", ele próprio admite que isso não acontece em todos os casos. Portanto, continua a contradição.

nas para a emoção — o interlocutor não teria desistido do seu direito de colocar à prova esse fundamento, o que certamente faria aparecer sua precariedade. Esse tipo de doutrina só vence pela surpresa.

Vejamos o que Smith e, depois dele, Ricardo têm a dizer: "O trabalho foi o primeiro preço, o dinheiro de compra original, que se pagou por todas as coisas." Essa frase é irrefutável, mas não prova nada para o princípio do valor.

"Naquele estado primitivo e rude da sociedade em que acontece a acumulação de capitais e a apropriação de terra, a relação entre as diversas quantidades de trabalho necessárias à aquisição de diversos objetos parece ser a única circunstância capaz de dar uma norma para a troca recíproca. Quando, por exemplo, uma tribo de caçadores gasta na caça de um castor duas vezes mais do que na caça de um cervo, *naturalmente* um castor comprará ou valerá dois cervos. É *natural* que aquilo que habitualmente é produto de trabalho de dois dias ou de duas horas de trabalho valha duas vezes o que é produto de um dia ou uma hora. "

Também nessas palavras procuraremos em vão qualquer fundamento. Smith diz simplesmente "parece", "deve ser natural", "é natural" [p. 290] etc., mas deixa que o leitor se convença por si da "naturalidade" dessas palavras. Aliás, tarefa que pois os primeiros, via de regra, se levam dez dias para encontrar, enquanto o cervo habitualmente se caça depois de um segundo condições de tempo de trabalho, teria de ser natural também, por exemplo, que uma borboleta rara e colorida, ou uma rã comestível, valesse dez vezes mais do que um cervo, pois os primeiros, via de regra, se levam dez dias para encontrar, enquanto o cervo habitualmente se caça depois de um dia de trabalho. E uma relação cuja "naturalidade" dificilmente parecerá óbvia a quem quer que seja.

Creio poder resumir da seguinte maneira o resultado dessas últimas considerações: Smith e Ricardo afirmaram axiomaticamente, sem nenhuma fundamentação, que o trabalho é princípio do valor dos bens. No entanto, não se trata de um axioma. Consequentemente, se quisermos manter este princípio, devemos ignorar Smith e Ricardo como autoridades, e procurar fundamentações independentes.

É muito singular que quase ninguém entre os seus sucessores tenha feito isso. Os mesmos homens que normalmente varavam as doutrinas tradicionais com sua crítica devastadora, os mesmos para quem não havia princípio antigo que parecesse suficientemente firme, a ponto de não precisar ser novamente questionado e examinado, esses mesmos homens renunciaram a qualquer crítica diante do princípio fundamental mais importante tomado da doutrina tradicional. De Ricardo a Rodbertus, de Sismondi a Lassalle, o nome Adam Smith é o único aval que se julga necessário para aquela doutrina. Como contribuição original só acrescentaram a essa doutrina repetidas afirmações de que o princípio é verdadeiro, irrefutável, indubitável. Não houve qualquer tentativa de realmente provar sua veracidade, de refutar possíveis objeções, de eliminar dúvidas. Os que desprezam provas baseadas em autoridades contentam-se, eles próprios, com a invocação de autoridades. Os que lutavam contra afirmações infundadas contentam-se, eles próprios, em afirmar, sem comprovação. Só muito poucos defensores da teoria do valor do trabalho constituem exceção a essa regra, e um desses poucos é Marx.

Capítulo 3
Exame e Refutação da Proposição Básica de Marx

8
Marx Escolheu um Método de Análise Defeituoso

Alguém que busque uma verdadeira fundamentação da tese em questão poderá encontrá-la através de dois caminhos naturais: o empírico e o psicológico. O primeiro caminho nos leva a simplesmente examinar as condições de troca entre mercadorias, procurando ver se nelas se espelha uma harmonia empírica entre valor de troca e gasto de trabalho. O outro — com uma mistura de indução e dedução muito usada em nossa ciência — nos leva a analisar os motivos psicológicos que norteiam as pessoas nas trocas e na determinação de preços, ou em sua participação na produção. Da natureza dessas condições de troca poderíamos tirar conclusões sobre o comportamento típico das pessoas. Assim, descobriríamos, também, uma relação entre preços regularmente pedidos e aceitos, de um lado, e a quantidade de trabalho necessária para produzir mercadorias de outro [p. 291]. Mas Marx não adotou nenhum desses dois métodos naturais de investigação. É muito interessante constatar, em seu terceiro volume, que ele próprio sabia muito bem que nem a comprovação dos fatos nem a análise dos impulsos psicológicos que agem na "concorrência" teriam bom resultado para a comprovação de sua tese.

Marx opta por um terceiro caminho de comprovação, aliás, um caminho bastante singular para esse tipo de assunto: a prova puramente lógica, uma dedução dialética tirada da essência da troca.

Marx já encontrara no velho Aristóteles que "a troca não pode existir sem igualdade, e a igualdade não pode existir sem a comensurabilidade" (I, p. 35). Marx adota esse pensamento. Imagina a troca de duas mercadorias na forma de uma equação, deduz que nas duas coisas trocadas, portanto igualadas, tem de existir "algo comum da mesma grandeza", e conclui propondo-se a descobrir essa coisa em comum, à qual se devem poder "reduzir, como valores de troca, as coisas equiparadas."[11].

---
[11] I, p. 11, ver p. 69 ss.

9
Fatos que Antecedem uma Troca Devem Evidenciar Antes Desigualdade do que Igualdade

Eu gostaria de intercalar aqui um comentário. Mesmo a primeira pressuposição — a de que na troca de duas coisas existe uma "igualdade" das duas, igualdade essa que se manifesta, o que, afinal, não significa grande coisa — me parece um pensamento muito pouco moderno e também muito irrealista, ou, para ser bem claro, muito precário. Onde reinam igualdade e equilíbrio perfeitos não costuma surgir qualquer mudança em relação ao estado anterior. Por isso, quando no caso da troca tudo termina com as mercadorias trocando de dono, é sinal de que esteve em jogo alguma desigualdade ou preponderância que forçou a alteração. Exatamente como as novas ligações químicas que surgem a partir da aproximação entre elementos de corpos: muitas vezes o "parentesco" químico entre os elementos do corpo estranho aproximado não é forte, mas é mais forte do que o "parentesco" existente entre os elementos da composição anterior. De fato, a moderna Economia é unânime em dizer que a antiga visão escolástico-teológica da "equivalência" de valores que se trocam é incorreta [p. 292]. Mas não darei maior importância a esse assunto, e volto-me agora ao exame crítico daquelas operações lógicas e metódicas através das quais o trabalho termina por surgir como aquela coisa em "comum" à qual as coisas equiparadas se poderiam reduzir.

10
Método Intelectual Errôneo de Marx

Para a sua busca desse algo em "comum" que caracteriza o valor de troca, Marx procede da seguinte maneira: coteja as várias características dos objetos equiparados na troca e, depois, pelo método de eliminação das diferenças, exclui todas as que não passam nessa prova, até restar, por fim, uma única característica, a de ser produto de trabalho. Conclui, então, que seja esta a característica comum procurada.

E um procedimento estranho, mas não condenável. E estranho que, em vez de testar a característica de modo positivo — o que teria levado a um dos dois métodos antes comentados, coisa que Marx evitava —, ele procure convencer-se, pelo processo negativo, de que a qualidade buscada é exatamente aquela, pois nenhuma outra é a que ele procura, e a que ele procura tem de existir. Esse método pode levar à meta desejada quando é empregado com a necessária cautela e integridade, ou seja, quando se tem, escrupulosamente, o cuidado necessário para que entre realmente, nessa peneira lógica, tudo o que nela deve entrar para que depois não se cometa engano em relação a qualquer elemento que porventura fique excluído da peneira.

Mas como procede Marx?

Desde o começo, ele só coloca na peneira aquelas coisas trocáveis que têm a característica que ele finalmente deseja extrair como sendo a "característica em comum", deixando de fora todas as outras que não a têm. Faz isso como alguém que, desejando ardentemente tirar da urna uma bola branca, por precaução coloca na urna apenas bolas brancas. Ele limita o campo da sua busca da substância do valor de troca às "mercadorias". Esse conceito, sem ser cuidadosamente definido, é tomado como mais limitado do que o de "bens" e se limita a produtos de trabalho, em oposição a bens naturais. Aí, então, fica óbvio que, se a troca realmente significa uma equiparação que pressupõe a existência de algo "comum da mesma grandeza", esse "algo comum" deve ser procurado e encontrado em todas as espécies de bens trocáveis: não só nos produtos de trabalho, mas também nos dons da natureza, como terra, madeira no tronco, energia hidráulica, minas de carvão, pedreiras, jazidas de petróleo, águas minerais, minas de ouro etc.[12]. Excluir, na busca do algo "comum" que há na base do valor de troca, aqueles bens trocáveis que não sejam bens de trabalho é, nessas circunstâncias, um pecado mortal metodológico [p. 293]. É como se um físico que quisesse pesquisar o motivo de todos os corpos terem uma característica comum, como o peso, por exemplo, selecionasse um só grupo de corpos, talvez o dos corpos transparentes, e, a seguir, cotejasse todas as características comuns aos corpos transparentes, terminando por demonstrar que nenhuma das características — a não ser a transparência — pode ser causa de peso, e proclamasse, por fim, que, portanto, a transparência tem de ser a causa do peso.

A exclusão dos dons da natureza (que certamente jamais teria ocorrido a Aristóteles, pai da ideia da equiparação na troca) não pode ser justificada, principalmente porque muitos dons naturais, como o solo, são dos mais importantes objetos de fortuna e comércio. Por outro lado, não se pode aceitar a afirmação de que, em relação aos dons naturais, os valores de troca são sempre casuais e arbitrários: não só

---

[12] Knies objeta com muito acerto contra Marx: "Na exposição de Marx não há nenhum motivo pelo qual a equação 1 "moio" de trigo = x quintais de madeira produzida na floresta não permita uma segunda equação, também válida, que diga: 1 "moio" de trigo = a quintais de madeira virgem = b acres de terra virgem = c acres de terra cultivada com prados naturais" (*Das Geld*, 1ª Ed. p. 121; 2ª Ed. p. 157).

existem preços eventuais para produtos de trabalho, como também, muitas vezes, os preços de bens naturais revelam relações nítidas com critérios ou motivos palpáveis. E conhecido que o preço de compra de terras constitui um múltiplo da sua renda segundo a porcentagem de juro vigente. É também certo que, se a madeira no tronco ou o carvão na mina obtêm um preço diferente, isso decorre da variação de localização ou de problemas de transporte, e não do mero acaso.

Marx se exime de justificar expressamente o fato de haver excluído do exame anterior parte dos bens trocáveis. Como tantas vezes, também aqui sabe deslizar sobre partes espinhosas de seu raciocínio com uma escorregadia habilidade dialética: ele evita que seus leitores percebam que seu conceito de "mercadoria" é mais estreito do que o de "coisa trocável". Para a futura limitação no exame das mercadorias, ele prepara com incrível habilidade um ponto de contato natural, através de uma frase comum, aparentemente inofensiva, posta no começo do seu livro: "A riqueza das sociedades em que reina a produção capitalista aparece como uma monstruosa coleção de mercadorias. " Essa afirmação é totalmente falsa se entendermos o termo "mercadoria" no sentido de produto de trabalho, que o próprio Marx lhe confere mais tarde. Pois os bens da natureza, incluindo a terra, são parte importante e em nada diferente da riqueza nacional. Mas o leitor desprevenido facilmente passa por essas inexatidões, porque não sabe que mais tarde Marx usará a expressão "mercadoria" num sentido muito mais restrito.

Aliás, esse sentido também não fica claro no que se segue a essa frase [p. 294]. Ao contrário, nos primeiros parágrafos do primeiro capítulo fala-se alternadamente de "coisa", de "valor de uso", de "bem" e de "mercadoria", sem que seja traçada uma distinção nítida entre estes termos. "A utilidade de uma coisa", escreve ele na p. 10. "faz dela um *valor de* uso". "A mercadoria... é um *valor de uso* ou *bem*". Na p. 11, lemos: "o valor de troca aparece... como relação quantitativa... na qual *valores de uso de* uma espécie se trocam por *valores de uso de* outra." Note-se que aqui se considera primordialmente no fenômeno do valor de troca também a equação valor de uso = bem. E com a frase "examinemos a coisa mais de perto", naturalmente inadequada para anunciar o salto para outro terreno, mais estreito, de análise, Marx prossegue: "Uma só *mercadoria*, um 'moio' de trigo, troca-se nas mais diversas proporções por outros *artigos.*" E ainda: "tomemos mais duas mercadorias" etc.. Aliás, nesse mesmo parágrafo ele volta até com a expressão "coisas", e logo num trecho muito importante, em que diz que "algo comum da mesma grandeza existe em duas *coisas* diferentes" (que são equiparadas na troca).

11
A Falácia de Marx Consiste Numa Seleção Tendenciosa de Evidências

No entanto, na p. 12, Marx prossegue na sua busca do "algo comum" já agora apenas para o "valor de troca das mercadorias", sem chamar a atenção, com uma palavra que seja, para o fato de que isso estreitará o campo de pesquisa, direcionando-o para apenas uma parcela das coisas trocáveis[13]."

Logo na página seguinte (p. 13) ele abandona de novo essa limitação, e a conclusão, a que há pouco havia chegado para o campo mais restrito das mercadorias, passa a ser aplicada ao círculo mais amplo dos valores de uso dos bens. "Um *valor de uso* ou *bem*, portanto, só tem um valor, na medida em que o trabalho humano abstrato se materializa ou se objetiva nele!"

Se, no trecho decisivo, Marx não tivesse limitado sua pesquisa aos produtos de trabalho, mas tivesse também procurado o "algo comum" entre os bens naturais trocáveis, ficaria patente que o trabalho não pode ser o elemento comum. Se Marx tivesse estabelecido essa limitação de maneira clara e expressa, tanto ele quanto seus leitores infalivelmente teriam tropeçado nesse grosseiro erro metodológico. Teriam sorrido desse ingênuo artifício, através do qual se "destila", como característica comum, o fato de "ser produto de trabalho", pesquisando num campo do qual antes foram indevidamente retiradas outras coisas trocáveis que, embora comuns, não são "produto do trabalho". Só seria possível lançar mão deste artifício da maneira como o fez, ou seja, sub-repticiamente, com uma dialética rápida, passando bem depressa pelo ponto espinhoso da questão. Expresso minha admiração sincera pela habilidade com que Marx apresentou de maneira aceitável um processo tão errado, o que, sem dúvida, não o exime de ter sido inteiramente falso [p. 295].

Continuemos. Através do artifício acima descrito, Marx conseguiu colocar o trabalho no jogo. Através da limitação artificial do campo de pesquisa, o trabalho se tornou *a* característica "comum". No entanto, além dele, há outras características que deveriam ser levadas em conta, por serem comuns. Como afastar essas concorrentes?

---
[13] Numa citação de Barbon se obscurece na mesma passagem mais uma vez a diferença entre mercadorias e coisas: "Uma espécie de *mercadoria* é tão boa quanto outra quando seu valor de troca é igual. Não há diferença ou diferenciação entre coisas com o mesmo valor de troca!"

Marx faz isso através de dois raciocínios, ambos muito breves, e ambos contendo um gravíssimo erro de lógica.

No primeiro, Marx exclui todas as "características geométricas, físicas, químicas ou quaisquer outras características naturais das mercadorias". Isso porque "suas características físicas só serão levadas em conta na medida em que as tomam *úteis*, portanto as transformam em valores de uso. *Mas por outro lado, a relação de troca das mercadorias aparentemente se caracteriza pela abstração de seus valores de* uso". Pois *"dentro dela* (da relação de troca) *um valor de uso cabe tanto quanto outro qualquer, desde que exista aí em proporção adequada"* (I, p. 12).

O que diria Marx do argumento que segue? Num palco de ópera, três cantores, todos excelentes, um tenor, um baixo e um barítono, recebem, cada um, um salário de 20.000 dólares por ano. Se alguém perguntar qual é a circunstância comum que resulta na equiparação de seus salários, respondo que, quando se trata de salário, uma boa voz vale tanto quanto outra: uma boa voz de tenor vale tanto quanto uma boa voz de baixo, ou de barítono, o que importa é que a proporção seja adequada. Assim, por poder ser, "aparentemente", afastada da questão salarial, a boa voz não pode ser a causa comum do salário alto.

É claro que tal argumentação é falsa. É igualmente claro também que é incorreta a conclusão a que Marx chegou, e que foi por mim aqui transcrita. As duas sofrem do mesmo erro. Confundem a abstração [p. 296] de uma circunstância *em geral* com a abstração das *modalidades específicas* nas quais essa circunstância aparece. O que, em nosso exemplo, é indiferente, para a questão salarial, é apenas a modalidade específica da boa voz, ou seja, se se trata de voz de tenor, baixo ou barítono. Mas não a boa voz em si. Da mesma forma, para a relação de troca das mercadorias, abstrai-se da modalidade específica sob a qual pode aparecer o valor de uso das mercadorias, quer sirvam para alimentação, quer sirvam para moradia ou para roupa. Mas não se pode abstrair do valor de uso em si. Marx deveria ter deduzido que não se pode fazer abstração desse último, pelo fato de que não existe valor de troca onde não há valor de uso. Fato que o próprio Marx é forçado a reconhecer repetidamente[14].

---

[14] Por exemplo, na p. 15, final: "Por fim nenhuma coisa pode ter valor sem ser objeto de uso. Se for inútil, o trabalho nela contido será inútil, não valerá como trabalho (sic!), e por isso não constituirá valor." Já Knies chamara atenção para o erro lógico do texto. Veja-se Das Geld, Berlim, 1873, p. 123 ss (2ª ed. P- 160 ss). Estranhamente, Adler (*Grundlagen der Karl Marxschen Kritik*, Tubingen, 1887, p. 211 ss) entendeu mal meu argumento quando me censura dizendo que "boas vozes" não são mercadorias no sentido marxista. Para mim não se tratava de considerar "boas vozes" como bens econômicos segundo a lei marxista de valor, mas, muito antes de dar o exemplo de um silogismo que revela o mesmo erro de Marx. Eu teria podido escolher muito bem outro exemplo, que não tivesse nenhuma relação com o terreno econômico. Por exemplo, poderia ter demonstrado que, segundo a lógica marxista, o "algo comum" está em haver *colorido* em sabe Deus o quê, mas não em haver uma mistura de várias cores. Pois *uma* mistura de cores

Mas coisa pior acontece com o passo seguinte dessa cadeia de argumentação. "Se abstrairmos do valor de uso das mercadorias", diz Marx textualmente, "resta-lhes só mais uma característica, a de serem produtos de trabalho". Será mesmo? Só mais uma característica? Acaso bens com valor de troca não têm, por exemplo, outra característica comum, qual seja, a de serem raros em relação à sua oferta? Ou de serem objetos de cobiça e de procura? Ou de serem ou propriedade privada ou produtos da natureza? E ninguém diz melhor nem mais claramente do que o próprio Marx que as mercadorias são produtos tanto da natureza quanto do trabalho: Marx afirma que "as mercadorias são combinação de dois elementos, matéria-prima e trabalho", e cita Petty num trecho em que este diz que "o trabalho é o pai (da riqueza) e a terra é sua mãe"[15].

Por que, pergunto eu, o princípio do valor não poderia estar em qualquer uma dessas características comuns, tendo de estar só na de ser produto de trabalho? Acresce que, a favor dessa última hipótese, Marx não apresenta qualquer tipo de fundamentação positiva. A única razão que apresenta é negativa, pois diz que o valor de uso, abstraído, *não é* princípio de valor de troca. Mas essa argumentação negativa não se aplica, com igual força, a todas as outras características comuns, que Marx ignorou?

E há mais ainda! Na mesma p. 12, em que Marx abstraiu da influência do valor de uso no valor de troca, argumentando que um valor de uso é tão importante quanto qualquer outro, desde que exista em proporção adequada, ele nos diz o seguinte sobre o produto de trabalho: "Mas também o produto de trabalho já se transformou em nossas mãos. Se abstrairmos do seu valor de uso, abstrairemos também dos elementos materiais e das formas que o tornam valor de uso. Ele já não será mesa, casa ou fio, ou outra coisa útil. Todas as suas características sensoriais serão eliminadas. *Ele não será produto de trabalho em marcenaria, construção ou tecelagem, ou outro trabalho produtivo.* O caráter utilitário dos trabalhos corporificados nos produtos de trabalho desaparece se desaparecer o caráter utilitário destes produtos de trabalho, da mesma forma que desaparecem as diversas formas concretas desse trabalho: *elas já não se distinguem;* são *reduzidas a trabalho humano igual, a trabalho humano abstrato.*"

Será que se pode dizer, de modo mais claro e explícito, que, para a relação de troca, não apenas um valor de uso, mas uma espécie de

---

— por exemplo, branco, azul, amarelo, preto, violeta — vale para a qualificação "colorido" o mesmo que a mistura de verde, vermelho, laranja, azul etc., desde que as cores apareçam em "proporção adequada". Portanto, vamo-nos abstrair, no momento, das cores e das misturas de cor!

[15] *Das Kapital* (p. 17ss.).

trabalho, ou produto de trabalho, "vale tanto quanto qualquer outro, desde que exista na proporção adequada"? E que se pode aplicar ao trabalho exatamente o mesmo critério em relação ao qual Marx antes pronunciou seu veredito de exclusão contra o valor de uso? Trabalho e valor de uso têm, ambos, um aspecto quantitativo e outro qualitativo. Assim como o valor de uso é qualitativamente diverso em relação à mesa, casa ou fio, assim também são qualitativamente diferentes os trabalhos de marcenaria, de construção ou de tecelagem. Por outro lado, trabalhos de diferentes tipos podem ser diferenciados em função de sua quantidade, enquanto é possível comparar valores de uso de diferentes tipos segundo a magnitude do valor de uso. É absolutamente inconcebível que [p. 297] circunstâncias idênticas levem, ao mesmo tempo, à exclusão de alguns elementos e à aceitação de outros!

Se, por acaso, Marx tivesse alterado a sequência de sua pesquisa, teria excluído o trabalho com o mesmo raciocínio com que exclui o valor de uso. Com o mesmo raciocínio com que premiou o trabalho, proclamaria, então, que o valor de uso, por ser a única característica que restou, é aquela característica comum tão procurada. A partir daí poderia explicar o valor como uma "cristalização do valor de uso". Creio que se pode afirmar, não em tom de piada, mas a sério, que nos dois parágrafos da p. 12 onde se abstrai, no primeiro, a influência do valor de uso e se demonstra, no segundo, que o trabalho é o "algo comum" que se buscava, esses dois elementos poderiam ser trocados entre si sem alterar a correção lógica externa. E que, sem mudar a estrutura da sentença do primeiro parágrafo, se poderia substituir "valor de uso" por "trabalho e produtos de trabalho", e na estrutura da segunda colocar, em lugar de "trabalho", o "valor de uso"!

12
IDEIA DE BÖHM-BAWERK DE QUE MARX TINHA "UM INTELECTO DE PRIMEIRA CATEGORIA"

Assim é a lógica e o método com que Marx introduz em seu sistema o princípio fundamental de que o trabalho é a única base do valor. Como já afirmei recentemente em outra parte[16], julgo totalmente impossível que essa ginástica dialética fosse a fonte e a real justificativa da convicção de Marx. Um pensador da sua categoria — e considero-o um pensador de primeiríssima ordem — caso desejasse chegar a uma convicção própria, procurando com olhar imparcial a verdadeira

---
[16] *Zum Abschluss des Marxschen Systems* (p. 77 ss.).

relação das coisas, jamais teria partido por caminhos tão tortuosos e antinaturais. Seria impossível que ele tivesse, por mero e infeliz acaso, caído em todos os erros lógicos e metodológicos acima descritos, obtendo, como resultado não conhecido nem desejado, essa tese do trabalho como única fonte de valor.

Creio que a situação real foi outra. Não duvido de que Marx estivesse sinceramente convencido de sua tese. Mas os motivos de sua convicção não são aqueles que estão apresentados em seus sistemas. Ele acreditava na sua tese como um fanático acredita num dogma. Sem dúvida, foi dominado por ela por causa das mesmas impressões vagas, eventuais, não bem controladas pelo intelecto, que antes dele já tinham desencaminhado Adam Smith e Ricardo, e sob influência dessas mesmas autoridades. E ele, certamente, jamais alimentou a menor dúvida quanto à correção dessa tese. Seu princípio tinha, para ele próprio, a solidez de um axioma. No entanto, ele teria de prová-lo aos leitores, o que não conseguiria fazer nem empiricamente nem segundo a psicologia que embasa a vida econômica.

Voltou-se, então, para essa especulação lógico-dialética que estava de acordo com sua orientação intelectual. E trabalhou, e revolveu os pacientes conceitos e premissas, com uma espécie de admirável destreza, até obter realmente o resultado que desejava e que já de antemão conhecia, na forma de uma conclusão externamente honesta.

Conforme vimos acima, Marx teve pleno sucesso nessa tentativa de fundamentar convincentemente sua tese, enveredando pelos caminhos da dialética. Mas será que teria obtido algum amparo se tivesse seguido [p. 298] aqueles caminhos específicos que evitou, ou seja, o empírico e o psicológico?

13
Outros Métodos de Abordagem que Não os de Marx

No segundo volume do presente trabalho — sua parte principal e positiva — veremos que a análise dos motivos psicológicos que influenciam o valor de troca levaria a um resultado diferente. Isso foi admitido até por Marx no seu terceiro volume póstumo [17]. Resta, pois, a prova empírica, a prova da experiência factual. O que esta nos revelaria?

---

[17] Ver mais adiante.

14
CINCO EXCEÇÕES FACTUAIS NEGLIGENCIADAS POR MARX

A experiência mostra que o valor de troca esta em relação com a quantidade de trabalho apenas em parte dos bens, e, mesmo nesses, isto só acontece incidentalmente. A relação factual, embora seja muito conhecida em decorrência da obviedade dos fatos em que se baseia, é raramente levada em conta. Todo mundo — inclusive os intelectuais socialistas — concorda que a experiência não confirma inteiramente o princípio do trabalho. Frequentemente encontramos a opinião de que os casos em que a realidade está de acordo com o princípio do trabalho formam a regra geral, e que os casos que contrariam esse princípio são uma exceção bastante insignificante. Essa ideia é muito errônea. Para corrigi-la de uma vez por todas, pretendo reunir as "exceções" que proliferam no início do trabalho, dentro da Economia. Verão que as "exceções" são tão numerosas, que pouco sobra para a "regra".

1) Em primeiro lugar, todos os "bens raros" foram excluídos do princípio do trabalho. Esses são todos os bens que não podem nunca — ou só podem limitadamente — ser reproduzidos em massa, por algum impedimento objetivo ou legal. Ricardo menciona, por exemplo, estátuas e quadros, livros raros, moedas raras, vinhos excelentes, e comenta ainda que esses bens "são apenas uma parte muito pequena dos bens diariamente trocados no mercado". Se pensarmos que nessa mesma categoria se situam, além da terra, todos os inúmeros bens cuja produção está relacionada à patente de invenção, direitos autorais ou segredo industrial, não se consideraria insignificante a extensão de tais bens[18].

2) Todos os bens que não se produzem por trabalho comum, mas qualificado, são considerados como exceção. Embora nos produtos diários de um escultor, de um marceneiro especializado, de um fabricante de violinos [p. 299], ou de um consultor de máquina etc., não se corporifique mais trabalho do que no produto diário de um simples trabalhador manual, ou de um operário de fábrica, os produtos dos primeiros frequentemente têm valor de troca mais elevado — às vezes muito mais elevado — que os dos segundos.

Os defensores da teoria do valor do trabalho naturalmente não puderam ignorar essa exceção. Porém, singularmente, fazem de conta

---
[18] Cp. Knies, Kredit (Parte II p. 61).

que isso não é exceção, mas apenas uma pequena variante, que ainda se mantém dentro da regra. Marx, por exemplo, considera o trabalho qualificado apenas um múltiplo do trabalho comum. "O trabalho complexo", diz ele, (p. 19), "vale só como trabalho comum potenciado, ou multiplicado. Assim, uma pequena quantidade de trabalho complexo equivale a uma quantidade maior de trabalho comum. A experiência nos mostra que essa redução acontece constantemente. Uma mercadoria pode ser produto de um trabalho complexo mas, se seu valor a iguala ao produto de trabalho comum, ela passa a representar apenas determinada quantidade de trabalho comum".

Eis uma obra-prima de espantosa ingenuidade! Não há nenhuma dúvida de que em muitas coisas, por exemplo, no valor monetário, um dia de trabalho de um escultor pode valer cinco dias de trabalho de um cavador de valetas. Mas que 10 horas de trabalho do escultor sejam realmente 60 horas de trabalho comum, certamente ninguém pretende afirmar. Acontece que, para a teoria — assim como para se estabelecer o princípio do valor — não importa o que as pessoas pretendem, e sim o que é real. Para a teoria, o produto diário do escultor continua sendo produto de *um* dia de trabalho. Se, por acaso, um bem que seja produto de *um* dia de trabalho vale tanto quanto outro bem que seja produto de *cinco* dias de trabalho, não importa o que as pessoas queiram que ele valha. E aí está uma exceção à regra — que se quer impor — de que o valor de troca dos bens se mede pela quantidade de trabalho humano neles corporificado. Imaginemos uma ferrovia que determinasse suas tarifas segundo a extensão do trajeto exigido por passageiros e cargas, mas que determinasse, também, que, dentro de um trecho com operações particularmente dispendiosas, cada quilômetro fosse computado como dois quilômetros. Será possível a alguém dizer que a extensão do trajeto é o único princípio para a determinação das tarifas da ferrovia? Certamente não; finge-se que sim, mas, na verdade, o princípio é modificado legando em conta a natureza do trajeto. Assim também, apesar de todos os artifícios, não se pode salvar a unidade teórica do princípio do trabalho[19].

Essa segunda exceção abrange também significativa parcela dos bens comerciais, o que não deve ser necessário explicar mais detidamente. Se quisermos ser rigorosos, estão aí contidos praticamente todos os bens, uma vez que na produção individualizada de quase todos os bens entra em jogo ao menos um pouco de trabalho qualificado: o trabalho de um inventor, de um diretor, de um capataz etc. [p. 300],

---

[19] Fui mais minucioso ao tratar dessa questão no meu texto tão citado Zum *Abschluss des Marxschen Systems* (p. 80 ss.).

Isso eleva o valor do produto a um nível um pouco acima daquele que corresponderia apenas a quantidade de trabalho.

3) A quantidade de exceções aumenta com o número bastante grande de bens produzidos por trabalho extraordinariamente mal pago. É sabido que — por razões que aqui não se precisa mencionar — em certos ramos da produção o salário de trabalho está sempre abaixo do mínimo necessário para a sobrevivência, como por exemplo, no caso do trabalho manual feminino, como bordados, costura, malharia etc. Os produtos dessas ocupações têm, então, um valor extraordinariamente baixo. Não é incomum que o produto de três dias de trabalho de uma simples costureira não valha nem nem mesmo o produto de dois dias de uma operária de fábrica.

Todas as exceções que mencionei até aqui eximem certos grupos de bens da validade da lei do valor do trabalho, reduzindo, pois, o campo de validade desta própria lei. Na verdade, deixam para a lei do valor do trabalho apenas aqueles bens para cuja reprodução não há qualquer limite, e que nada exigem para sua criação além de trabalho. Mas mesmo esse campo de aplicabilidade tão reduzido não é dominado de modo absoluto pela lei do valor do trabalho: também aí, algumas exceções afrouxam sua validade.

4) Uma quarta exceção do princípio do trabalho é formada pelo conhecido e admitido fenômeno de que também aqueles bens cujo valor de troca se harmoniza com a quantidade de custos de trabalho não demonstram tal harmonia em *todos* os momentos. Ao contrário, pelas oscilações de oferta e procura, frequentemente o valor de troca sobe ou desce além ou aquém daquele nível que corresponderia ao trabalho corporificado naqueles bens, trabalho esse que só determinaria um ponto de gravitação, não uma fixação do valor de troca. Parece-me que os defensores socialistas do princípio do trabalho também se ajeitam depressa com essa exceção. Constatam-na, sim, mas a tratam como uma pequena irregularidade passageira, que em nada prejudica a grande "lei" do valor de troca. Mas não se pode negar que tais irregularidades não são mais que exemplos de valores de troca regulados por outros motivos que não a quantidade de trabalho. Esse fato deveria provocar pelo menos uma investigação, no sentido de examinar a possibilidade de existir um princípio mais geral do valor de troca, que explicaria não só os valores de troca "regulares", mas também aqueles que — do ponto de vista da teoria do trabalho — são tidos como irregulares. Nenhuma investigação desse tipo será encontrada entre os teóricos dessa linha.

5) Por fim vemos que, além dessas oscilações momentâneas, "o valor de troca dos bens se desvia da quantidade de trabalho que eles cor-

porificam, de maneira considerável e *constante* [p. 301]. De dois bens cuja produção exige exatamente a mesma quantidade média de trabalho, aquele que exigiu maior quantidade de trabalho "prévio" vale mais. Como sabemos, Ricardo comentou extensamente essa exceção do princípio de trabalho, em duas seções do Capítulo I de suas *Grundsätze*. Rodbertus e Marx a ignoram na formulação de suas teorias[20], sem a negarem expressamente, o que não poderiam fazer: é conhecido demais, para admitir dúvidas, o fato de que o valor de um tronco de carvalho centenário é mais elevado do que o correspondente ao meio-minuto que sua semeadura requer.

Vamos resumir: parcela considerável dos bens *não* faz parte daquela presumida "lei" segundo a qual o valor dos bens é determinado pela quantidade de trabalho neles corporificada, e o *restante dos bens nem obedece sempre, nem com exatidão*. Esse é o material empírico que serve de base para os cálculos do teórico do valor.

Que conclusão um investigador imparcial pode tirar? Certamente não será a de que a origem e medida de todo valor se fundamente exclusivamente no trabalho. Uma conclusão dessas não seria em nada melhor do que aquela a que se poderia chegar, pelo método experimental — a partir da constatação de que a eletricidade vem não só do atrito mas também de outras fontes —: toda eletricidade provém de atrito.

Em contrapartida, pode-se concluir que o dispêndio de trabalho exerce ampla influência sobre o valor de troca de muitos bens. Mas não como causa definitiva, comum a todos os fenômenos de valor, e sim como causa eventual, particular. Não haverá a necessidade de procurar uma fundamentação interna para essa influência do trabalho sobre o valor, pois ela não seria encontrada. Pode também ser interessante — além de importante — observar melhor a influência do trabalho sobre o valor dos bens, e expressar esses resultados na forma de leis. Mas não se pode esquecer que estas não serão mais que leis *particulares,* que em nada atingem a essência do valor[21]. Para usar de uma comparação: leis que formulam a influência do trabalho no

---

[20] Marx só lhe dá atenção expressa no terceiro volume, póstumo, como era de se esperar, e, como resultado, entra em contradição com as leis do primeiro volume que tinha construído sem levarem em conta a exceção.

[21] Parece-me que também Natoli, *Principio dei valore*, vai longe demais. Apesar de reconhecer enfaticamente que o trabalho não exerce sobre o valor dos bens uma influência original nem universal, que o valor tem de se apoiar sempre no *"grado di utilità"*, e de saber que na teoria do valor do trabalho de Ricardo se confundem causa e efeito (op. cit. 191), mesmo assim, alega que sempre é possível estabelecer a "equação de utilidade", entre valor e trabalho, como lei fundamental do valor, *e* até mesmo como a "lei básica de toda a economia" (op. cit., p. 191. 244. 277 e 391).

valor dos bens estão para a lei geral do valor mais ou menos como a lei "Vento oeste traz chuva" está para uma teoria geral da chuva. Vento oeste é uma causa eventual de chuva, como o emprego de trabalho é causa eventual do valor dos bens. Mas a essência da chuva se fundamenta tão pouco no vento oeste quanto o valor se fundamenta no emprego de trabalho.

15
Marx Agravou o Erro de Ricardo

O próprio Ricardo ultrapassou pouco as fronteiras legítimas. Como demonstrei acima [p. 302], ele sabe muito bem que sua lei do valor do trabalho é somente uma lei *particular* de valor, e que o valor dos "bens raros", por exemplo, tem outros fundamentos. Mas Ricardo engana-se na medida em que valoriza demais o campo de abrangência dessa lei, atribuindo-lhe uma validade praticamente universal. A este engano pode-se relacionar o fato de que, em fases posteriores, ele praticamente não dá mais atenção às exceções, pouco valorizadas, que no começo de sua obra mencionara com bastante acerto. E muitas vezes — injustamente — fala de sua lei como se ela fosse realmente uma lei universal de valor.

Foram os seus sucessores — que ampliaram o campo de abrangência dessa lei — que caíram no erro quase inconcebível de apresentar o trabalho, com pleno e consciente rigor, como princípio universal de valor. Digo "erro quase inconcebível", pois, com efeito, é difícil acreditar que homens de formação teórica pudessem firmar, depois de reflexão madura, uma doutrina que não podiam apoiar em coisa alguma: nem na natureza da coisa, uma vez que nesta natureza não se revela absolutamente nenhuma relação necessária entre valor e trabalho; nem na experiência, pois esta, ao contrário, mostra que o valor geralmente *não* se coaduna com o dispêndio de trabalho; nem mesmo, por fim, nas autoridades, pois as autoridades invocadas jamais afirmaram o princípio com aquela pretendida universalidade que agora lhe era conferida.

Mas os seguidores socialistas da teoria da exploração, quando apresentam um princípio tão precário, não o colocam numa posição secundária, em algum ângulo inofensivo de sua doutrina teórica. Colocam-no no topo de suas afirmações práticas mais importantes. Sustentam que o valor de todas as mercadorias repousa no tempo de trabalho nelas corporificado. Em outro momento, atacam todos os valores que não se coadunam com essa "lei" (por exemplo, diferenças de valor que recaem como mais-valia para os capitalistas), dizendoos "ilegais", "antinaturais" e "injustos", e condenando-os à anulação. Portanto, primeiro ignoram a exceção e proclamam a lei do valor como sendo universal. Em seguida, após terem obtido, sub-repticiamente, a universalidade dessa lei, voltam a prestar atenção às exceções, rotulando-as de infração dessa lei. Com efeito, tal argumentação não é muito melhor do que a de alguém que constate que existe gente louca, — ignorando que também há gente sensata — e que, a partir desta constatação, chegue a uma "lei de valor universal" segundo a qual "todas as pessoas são loucas", exigindo que se exterminem todos os sábios, considerados "fora da lei".

16
DOIS VOLUMES PÓSTUMOS CONTRADITÓRIOS NO SISTEMA MARXISTA (POR ENGELS: VOL. II, EM 1885, E VOL.III, EM 1894)

Na primeira edição da presente obra, há muitos anos, dei meu veredito sobre a lei do valor do trabalho em si, e particularmente sobre a fundamentação que Marx lhe deu. Depois disso apareceu o terceiro volume, póstumo, de *O Capital* de Marx. Sua publicação era esperada com certa tensão nos meios teóricos de todas as orientações [p. 303]. Esperava-se, com curiosidade, o modo como Marx se livraria de certa dificuldade que o confundira no primeiro volume, e que, além de continuar sem resolução, não era mais mencionada.

Já comentei, quanto a Rodbertus, que a pressuposição imanente à lei do trabalho, de que os bens se trocam segundo o trabalho a eles ligado, é absolutamente conflitante com outra pressuposição do mesmo Rodbertus, claramente apresentada como fato empírico: a de que existe um nivelamento dos ganhos de capital[22]. Naturalmente, também Marx sentiu essa dificuldade, que, para ele, se mostrava ainda mais drástica, uma vez que, na sua doutrina, a parte que contém o ponto crucial está formulada com ênfase particular, o que, por assim dizer, desafia tal dificuldade.

Marx distingue, no capital que serve aos capitalistas para obterem a mais-valia, duas partes: aquela que serve para pagar os salários do trabalho, ou seja, o "capital variável", e aquela que é empregada em meios de produção como a matéria-prima, os instrumentos e máquinas, e assim por diante, que é o "capital constante". Como só o tra-

---
[22] Ver p, 277.

balho vivo pode produzir a nova noção de mais-valia, também só a parte de capital transformada em força de trabalho pode modificar, aumentar seu valor no processo de produção, motivo pelo qual Marx chama esta parte de "capital variável". Só este reproduz seu próprio valor, e, além disso, um superávit chamado de mais-valia. O valor dos meios de produção consumidos é mantido igual: reaparece no valor do produto de outra forma, mas com o mesmo tamanho; por isso, é chamado de "capital constante" e não pode "produzir mais-valia". Como consequência necessária — que Marx destaca enfaticamente —, a massa de mais-valia que pode ser produzida com um capital não se liga diretamente ao *montante do capital total*, mas apenas à *parte variável dele*[23]. Disso resulta também que capitais de igual montante têm de produzir uma quantidade desigual de mais-valia, quando sua composição em parcelas constantes e variáveis — chamada por Marx de "composição orgânica" — é diferente. Designemos, como faz Marx, a relação entre a mais-valia e a parte de capital variável, que paga os salários, de "porcentagem de mais-valia"; e designemos a relação entre a mais-valia e o capital total aplicado pelo empresário — na base do qual, na prática, se costuma calcular a mais-valia — de "porcentagem de lucro". Marx diria, então que, se o grau de exploração é igual ou se a porcentagem de mais-valia é a mesma, nesse caso, capitais de composição orgânica diferente necessariamente vão redundar em porcentagens de lucro diferentes. Capitais em que a composição apresenta parcela variável maior levarão a uma porcentagem de lucro maior do que a resultante daqueles capitais em cuja composição a parcela constante é mais elevada. Mas a experiência revela que, por causa da lei do nivelamento de ganhos, os capitais sempre redundam logo em altas porcentagens de lucro, independentemente de sua composição. Há, portanto, um conflito evidente entre o que é e o que deveria ser segundo a doutrina marxista.

O próprio Marx não ignorava esse conflito. Já o comentara laconicamente em seu primeiro volume, como se fosse apenas "aparente", deixando sua solução para momentos posteriores de seu sistema[24]. A longa e tensa espera para ver como Marx se esquivaria desse dilema fatal terminou, enfim, com a publicação do terceiro volume, que, apesar de conter um detalhado comentário do problema, não apresenta,

---

[23] "Numa determinada porcentagem de mais-valia. e num determinado valor da força de trabalho, as quantidades de mais-valia produzidas são diretamente proporcionais às grandezas dos capitais variáveis adiantados." "As quantidades de valor e mais-valia produzidas por capitais diferentes são — para um dado valor e para graus de exploração de igual grandeza — diretamente proporcionais às grandezas dos elementos variáveis desses capitais, isto é, de seus componentes convertidos em trabalho vivo." (Marx, I, p, 311 ss).

[24] I, p. 312 e 542.

para o mesmo, qualquer solução. Ao invés disso, como era de se esperar, confirma a contradição insolúvel, e glosa, de forma velada, sub-reptícia e suavizada, a doutrina do primeiro volume.

Marx desenvolve agora a seguinte doutrina: reconhece expressamente que, na realidade, por causa da concorrência, as porcentagens de lucro dos capitais — não importa qual sua composição orgânica — são igualadas numa porcentagem média de lucro, e isso tem de ser assim[25]. Ele ainda reconhece expressamente que uma porcentagem igual de lucros para capitais cujas composições orgânicas são diferentes só é possível quando mercadorias isoladas não se trocam entre si segundo o seu valor determinado por trabalho, mas a partir de uma relação que se desvia desse valor. E a troca é feita de maneira tal que as mercadorias com proporção mais elevada de capital constante (capitais de "composição mais elevada") se trocam acima do seu valor [p. 304]. Em contrapartida, as mercadorias em cuja criação participa capital com proporção mais baixa de capital constante e mais alta de capital variável (capitais de "composição mais baixa") se trocam abaixo do seu valor[26]. E Marx, por fim, reconhece expressamente que na vida prática o estabelecimento de preços realmente acontece assim. Ele denomina esse preço de uma mercadoria — preço que contém, além da recompensa pelos salários pagos e pelos meios de produção gastos (seu "preço de custo"), o lucro médio pelo capital empregado na produção — de *"preço de produção"* (III, p. 136). Este "corresponde, na verdade, ao mesmo que A. Smith chama de *'natural price'*. Ricardo, de 'price of production', e os fisiocratas, de *'prix nécessaire'*: a longo prazo ele é a condição do abastecimento, da reprodução da mercadoria em qualquer esfera especial de produção" (III, p. 178). Na vida real, pois, as mercadorias não se trocam mais segundo seus valores, mas segundo seus preços de produção, ou — como Marx prefere dizer

---

[25] "Por outro lado, não há dúvida de que, na verdade, excetuando diferenças insignificantes, casuais, que se anulam entre si, a diferença das porcentagens médias de lucro não existe para os diversos ramos da indústria, nem poderia existir, sem anular todo o sistema de produção capitalista." (III, p. 132). "Em função da diferente composição orgânica dos capitais aplicados em diferentes ramos de produção... as porcentagens de lucro que imperam em diversos ramos de produção são originalmente muito diferentes. Essas porcentagens diferentes de lucro são compensadas pela concorrência, tornando-se uma porcentagem de lucro geral, que é a média de todas essas porcentagens de lucros diferentes." (III, p. 136).

[26] Marx desenvolve essa doutrina num exemplo esquemático que abrange cinco tipos de mercadorias e ramos de produção com capital de diversas composições orgânicas, e comenta os resultados da tabela em questão com as seguintes palavras: "As mercadorias juntas são vendidas 2 + 7 + 17 - 26 acima, e 8 + 18 - 26 abaixo do valor, de modo que os desvios de preço se compensam mutuamente pela distribuição igual da mais-valia, ou pela adição do lucro médio de 22% aos preços de custo das mercadorias I — V. Na mesma relação, na qual uma parte das mercadorias é vendida acima de seu valor, outra é vendida abaixo. E só sua venda a tais preços possibilita que a porcentagem de lucro para as mercadorias catalogadas de I —V seja igual — 22% —, sem consideração para com a composição orgânica diferente dos capitais de I — V." O mesmo pensamento é manifestado nas páginas seguintes, 134-144.

eufemisticamente (p. ex., III, p. 176) — "os valores se transformam em preços de produção".

E impossível não reconhecer que essas afirmações e concessões do terceiro volume contradizem fortemente as doutrinas básicas do primeiro [p. 305]. No primeiro volume, apresentou-se aos leitores uma situação lógica e necessária, nascida da natureza da troca: duas mercadorias igualadas entre si na troca devem conter algo em comum da mesma grandeza, e esse algo em comum de igual grandeza é o trabalho. No terceiro volume, lemos que as mercadorias igualadas na troca contêm de fato, e regularmente, quantidades desiguais de trabalho, e isso tem de ser necessariamente assim. No primeiro volume (I, p. 142) havia sido dito que "mercadorias podem ser vendidas a preços que se desviam dos seus valores, mas esse desvio aparece como infração da lei de troca de mercadorias". Agora se diz que a lei de troca de mercadorias prevê que as mercadorias sejam vendidas por seus preços de produção, que se desviam fundamentalmente dos seus valores! Creio que jamais o início de um sistema tenha sido punido por sua mentira final de maneira tão severa e cabal!

Naturalmente, Marx não admite que haja nisso qualquer contradição. Também em seu terceiro volume ele proclama que a lei de valor do primeiro volume demonstra as verdadeiras condições da troca de bens, e não poupa esforços nem fugas dialéticas para demonstrar que essas condições ainda existem.

Já comentei amplamente todos esses subterfúgios, demonstrando sua invalidade[27]. Vou agora levar em conta, expressamente, apenas um deles, em parte por ser, à primeira vista, extremamente sedutor, em parte por ser defendido não só por Marx, ainda antes do terceiro volume, mas também por alguns dos mais brilhantes teóricos socialistas da atual geração. Em 1889, Konrad Schmidt tentou desenvolver, de forma independente, mas ainda na linha de Marx, a parte incipiente da doutrina marxista[28]. Sua teorização também desembocou no fato de que mercadorias isoladas não se trocam — como preconizava a lei de valor de Marx — segundo o trabalho nelas corporificado. Naturalmente, o autor se defrontou com a indagação: em que medida ainda se pode defender como válida a lei de valor de Marx, se é que se

---

[27] *Zum Abschluss des Marxschen Systems* (pp. 25 — 62). Hilferding, com sua crítica apologética publicada no Vol. I dos *Marx-Studien* (1904), não me levou a mudar de opinião. Desejo afirmar expressamente, com relação a certas observações de Heimann (*Methodologisches zu den Problemen des Werts*, Separata do *Archiv für Sozialwissenschaft* Vol. 37, p. 19), que minhas tabelas apresentadas em op. cit. p. 53 são totalmente corretas e objetivas, ao passo que a "Correção" que Hilferding lhes fez é tão arbitrária quanto desviada do tema.

[28] *Die Durschschnittsprofitrate auf Grund des Marxschen Wertgesetzes*, Stuttgart, 1889.

pode fazê-lo? Schmidt procurou, então, salvar essa validade com os mesmos argumentos dialéticos do terceiro volume de Marx.

Esses argumentos dizem que as mercadorias isoladas, de fato, são trocadas por valores abaixo ou acima do seu valor, mas que esses desvios se compensam e se anulam mutuamente. Assim, calculadas em conjunto, as mercadorias têm um preço que se iguala novamente à soma dos seus valores. Seria, pois, possível afirmar que, quando se considera o conjunto de todos os ramos de produção, a lei do valor é uma "tendência dominante"[29].

Mas é muito fácil demonstrar a trama dialética dessa pseudo-argumentação [p. 306], como já expliquei em outra oportunidade[30].

Afinal, qual é a tarefa da lei do valor? Nenhuma, senão explicar a relação de troca de bens que se observa. Queremos saber por que na troca, por exemplo, um casaco equivale a dez metros de linho, por que cinco quilos de chá equivalem a meia tonelada de ferro, e assim por diante. Foi a partir daí que o próprio Marx concebeu a lei do valor. Evidentemente, só se pode falar em *relação de troca* entre mercadorias *diferentes entre si*. No entanto, no momento em que colocamos todas as mercadorias *juntas* e somamos seus preços, estamos necessária e deliberadamente fazendo abstração da relação que há no interior desse conjunto. As diferenças relativas de preços existentes no interior desse conjunto compensam-se na soma total: o quanto o chá, por exemplo, vale mais que o ferro, corresponde ao quanto o ferro, por sua vez, vale menos que o chá, ou vice-versa. De qualquer modo, tal explicação não responde à nossa indagação sobre a relação da troca de bens na economia, pois só é válida para o preço total de todas as mercadorias juntas. Seria o mesmo que, a uma pergunta que fizéssemos sobre quantos segundos ou minutos o vencedor de uma prova teria levado a menos do que seus concorrentes para percorrer a pista, nos respondessem que todos os concorrentes juntos haviam levado 25 minutos e 13 segundos!

---

[29] "Na mesma proporção em que parte das mercadorias se troca acima do seu valor, outra parte se troca abaixo dele" (III, p. 135). "No preço total das mercadorias I — V" (na tabela que Marx usa como exemplo), "estaria, pois, o seu valor total [...] E desta maneira, na própria sociedade [...] se considera que a totalidade de todos os ramos de produção [...], que a soma dos preços de produção das mercadorias produzidas, seja igual à soma de seus valores" (III, p. 138). As divergências nos preços de produção em relação aos valores sempre se resolvem, pois "o que recai em excesso, como mais-valia, sobre uma mercadoria, em outra, recai a menos. Por isso, também os desvios de valor que aparecem nos preços de produção das mercadorias se equilibram mutuamente" (III, p. 140). Algo semelhante afirma K. Schmidt (*op. cit.* p. 51): "A divergência necessária entre o preço real e o valor das mercadorias isoladas desaparece... assim que se considera a soma de todas as mercadorias, o produto nacional anual.".

[30] Menciono-o pela primeira vez num comentário do texto acima citado de Schmidt, in *Tübinger Zeitschrift*, 1890 (p. 590 ss.).

O problema é que os marxistas respondem à questão do valor com a sua lei do valor. Dizem que as mercadorias se trocam segundo o tempo de trabalho nelas corporificado. Depois, disfarçada ou abertamente, negam essa resposta quando se trata de troca de mercadorias isoladas — justamente neste terreno em que a pergunta mais caberia. Assim, sua lei do valor tem validade apenas para o produto nacional total, ou seja, num campo em que essa questão não faz sentido nem tem resposta. Assim, a "lei do valor" é desmentida pelos fatos. A única situação em que não é desmentida não traz uma boa resposta para a nossa pergunta, pois serviria de resposta a qualquer outra indagação.

Na verdade, essa resposta nem mesmo pode ser considerada como tal, uma vez que não passa de mera tautologia. Como qualquer economista sabe, mesmo nas formas mais veladas de transação monetária, mercadorias se trocam por mercadorias. Toda mercadoria que é objeto de troca, ao mesmo tempo é mercadoria, é também o preço que a ela corresponde. A soma das mercadorias é idêntica à soma dos preços obtidos por elas. Em outras palavras, o preço do produto nacional total nada mais é que o próprio produto nacional. Sob este ponto de vista é totalmente correto que a soma dos preços que se paga por todo o produto nacional combine inteiramente com o valor ou quantidade de trabalho cristalizada nele [p. 307]. Mas essa tautologia não significa progresso em direção a um verdadeiro conhecimento, nem pode servir como prova de que é correta a suposta lei de que os bens se trocam segundo o trabalho neles corporificado. Se fosse assim, essa seria uma maneira de se verificar qualquer outra "lei", como, por exemplo, a "lei" de que os bens se trocam segundo medida do seu peso *específico!* Pois embora meio quilo de ouro como "mercadoria isolada" não se troque por meio quilo de ferro, mas por 20.000 quilos de ferro, *a soma de preço* que se paga, no total, por meio quilo de ouro e 20.000 quilos de ferro, não é nem mais nem menos do que 20.000 quilos de ferro e meio quilo de ouro. Portanto, o peso total da soma dos preços — vinte mil quilos e meio — é exatamente igual ao peso total corporificado no total das mercadorias, isto é, vinte mil quilos e meio. Consequentemente, seria possível considerar o peso como a verdadeira medida segundo a qual se regula a relação de troca dos bens?!

Parte V
Doutrina de Marx Interpretada por Seus Sucessores

Salvo equívoco, o terceiro volume da doutrina marxista é o começo do fim da teoria do valor do trabalho. A dialética de Marx sofreu um abalo tão evidente que mesmo seus seguidores vacilaram na sua fé cega. Sinais desse abalo começam, desde já, a aparecer na literatura. No momento, trata-se de tentativas de salvar, através de reinterpretações, uma doutrina que já não consegue manter-se em sua forma original.

1
REINTERPRETAÇÃO DE WERNER SOMBART

Recentemente surgiram vários prenúncios de tais reinterpretações, por parte de teóricos sérios. Werner Sombart admitiu claramente que a lei do valor de Marx não se mantém quando exigimos que corresponda à realidade empírica. Mas pretende interpretar a doutrina marxista dizendo que seu "conceito de valor" deve ser apenas "um auxiliar de nosso raciocínio". O valor, em Marx, não apareceria nem na relação de troca das mercadorias produzidas no método capitalista, nem teria papel algum como fator de distribuição do produto anual nacional. Seria apenas um conceito auxiliar do raciocínio, para conceber como grandezas quantitativas os bens de uso não comensuráveis devido à sua diversificação qualitativa, tornando-os assim comensuráveis em nosso pensamento. Nessa função, tal conceito poderia ser mantido[1].

Creio, e já manifestei essa opinião em outros lugares[2], que essa sugestão é totalmente inaceitável para ambos os lados. Por entrar em conflito com as palavras mais óbvias de Marx, não pode satisfazer aos marxistas [p. 308]: porque, materialmente, contém uma aceitação total da doutrina marxista — uma vez que se trata de uma teoria que, admitidamente, não está de acordo à realidade —, não serve para explicar e avaliar as condições reais. No terreno marxista já se ouvem vozes decididamente contrárias a tudo isso[3].

Por sua vez, o estudioso imparcial, que analisa tudo com exigências puramente teóricas, também não se pode satisfazer com tal doutrina, pois os conceitos auxiliares com que o teórico opera, embora possam fazer abstração da realidade, não podem conflitar com ela. Por isso, considero que a tentativa de reinterpretação de Sombart dificilmente conseguirá muitos defensores e simpatizantes.

---

[1] "Zur Kritik des ökonomischen Systems von Karl Marx", *Archiv für soziale Gesetzgebung* (Vol. VII, cad. 4, pp. 573ss.).

[2] *Zum Abschluss des Marxschen Systems* (pp. 103 ss.).

[3] P. ex. de Engels em seu último trabalho publicado na *Neue Zeit* n° 1 e 2, Ano XIV (1895-96). *"Ergänzung und Nachtrag zum dritten Buch des 'Kapital'"*.

2
Reinterpretação de Konrad Schmidt

Presumivelmente, a segunda tentativa de reinterpretação, que Konrad Schmidt apresentou recentemente, oferece mais matéria de discussão literária. Num comentário de respeitável objetividade e imparcialidade sobre meu já mencionado texto *Zum Abschluss des Marxschen Systems*, Schmidt concluiu que a lei de valor de Marx na verdade perdia, pelos fatos provados no terceiro volume, o significado "que parecia ter segundo o Volume I de *O Capital* — contra o qual se dirigira minha crítica — embora com isso ganhasse um novo sentido, mais profundo, que apenas teria de ser elaborado no seu contraste com a concepção original da lei do valor". Através de uma "reinterpretação" da teoria do valor, feita de uma maneira "que o próprio Marx não expressou claramente", seria possível, "ao menos em princípio", superar as contradições que eu tinha apontado. E Schmidt indica já as linhas básicas para essa mudança de interpretação.

Ele diz que preço e tempo de trabalho são grandezas mensuráveis. Em si, pode-se pensar numa dupla relação entre ambos. "Ou o preço se orienta diretamente pelo tempo de trabalho contido na mercadoria, ou certas regras, formuláveis ao menos num sentido geral, prevêem um desvio da norma dessa relação direta." Como esta segunda alternativa é tão concebível quanto a primeira, dever-se-ia considerar a lei do valor, baseada na primeira delas, só como hipótese, "cuja confirmação ou nova modificação será tarefa de novas pesquisas concretas". Os dois primeiros volumes de Marx desenvolvem "a simples hipótese original com todas as suas consequências", para assim chegar "a um quadro detalhado da economia capitalista exploradora, do modo como esta se apresentaria caso houvesse coincidência direta de preço e tempo de trabalho. Mas esse quadro, embora "espelhe" a realidade capitalista, em seus traços básicos, contradiz, em certo sentido, seus traços e por isso — como se vê no terceiro volume — é preciso que se faça uma modificação daquela hipótese, "anulando a contradição parcial entre ela e a realidade". "A simples regra da coincidência entre os dois fatores — necessária para uma orientação de momento — só pode ser mudada quando se diz que os preços reais [p. 309] se desviam daquela norma pressuposta a partir de uma regra geral." Por esse descaminho — e apenas por ele — se poderia reconhecer e conceber em detalhes não só a verdadeira relação entre os preços e o tempo de trabalho, mas também o verdadeiro processo da exploração que caracteriza o modo de produção capitalista[4].

---
[4] Supl. do número de 10. 4. 1897 da *Vorwärts*.

Não posso fazer, para essa tentativa de reinterpretação, prognóstico mais favorável do que o que fiz para os originais marxistas. K. Schmidt, sendo o dialético perspicaz que é, poderá, ao elaborar melhor esse esboço de doutrina, apresentá-la com muitos argumentos convincentes e hábeis torneios. Mas, com toda a arte de apresentação e de argumentação, ele não poderá evitar dois obstáculos objetivos, previsíveis desde o esboço desse seu programa. Tal reinterpretação comete um pecado metodológico de ação e omissão, que já agora aparece em seu programa: uma *petitio principii*[5] contraditória, e a precariedade do ponto de partida.

Uma *petitio principii* contraditória: coloquemo-nos no ponto de vista que Schmidt nos convida a assumir. Encaremos, por enquanto, a "lei de valor" — segundo a qual a relação de trocas de mercadorias se determina só pelo trabalho nelas contido — como mera hipótese, ainda não justificada. Por enquanto, essa lei está sendo testada pela análise mais detida dos fatos. Como termina esse teste?

Admite-se abertamente que a hipótese não se confirma. Aliás, pelo contrário, é preciso aceitar que a quantidade de trabalho não é o único motivo determinante dos preços que o dono das mercadorias recebe. Se lembrarmos que a "exclusividade" da influência do trabalho — sua influência *parcial* é admitida em todas as teorias do trabalho — é exatamente aquele traço característico e distintivo da teoria do valor de Marx, vê-se que a "confirmação não absoluta" nesse caso significa *não confirmação* da hipótese, no seu único ponto essencial.

Continuo minha indagação: com que direito Schmidt pode postular, nessas condições, não só que a hipótese, não confirmada em seu cerne, "espelha a realidade capitalista em seus traços fundamentais", como também que o ganho em juros, que cabe aos capitalistas, repousa basicamente numa "verdadeira exploração dos trabalhadores"? Se Schmidt apresentasse quaisquer outras ponderações que provassem o caráter explorador do juro, naturalmente teríamos de verificá-las. Mas Schmidt não corrobora esses fundamentos, e nem poderia fazê-lo, como veremos adiante. Sua única defesa para a tese de que o lucro tem um caráter explorador está na hipotética lei do valor. Ora, nessa hipótese, o caráter explorador do lucro [p. 310] tem origem unicamente na ideia de que o trabalho é a causa exclusiva do valor de troca, bem como da magnitude desse valor. Só se nenhum átomo do valor de troca pudesse ter outra origem que não o trabalho, ficaria prova-

---

[5] *Petitio principii* do Lat., "petição de princípio", erro de raciocínio, que "consiste em dar como fundamento de uma proposição a demonstrar a mesma proposição sob outras palavras" (*apud* Novo Dic. Brás. Melhoramentos. 1969 - N. *do E.*).

do que uma parcela de valor que um não trabalhador recebe só pode existir às custas do trabalhador, constituindo-se em ganho de exploração. Mas, a partir do momento em que se admite que o valor de troca das mercadorias nem sempre equivale à quantidade de trabalho nelas aplicada, fica claro, também, que, na formação do valor de troca, entra outro fator causal que não o trabalho. E, então, já não se pode afirmar que a parcela de valor que recai para o capitalista brota da exploração dos trabalhadores pois, possivelmente — e até provavelmente — essa parcela procede daquela outra causa de valor que concorre com o trabalho e sobre cuja natureza nada sabemos ao certo. A justificativa para, com base na hipótese da "lei de valor", se considerar o juro de capital como exploração, surge e cai com a verificação *total e plena* dessa mesma hipótese. O enfraquecimento parcial da tese já tira seu sustentáculo, porque ela se enraíza exatamente na parte não provada da hipótese, que é a pressuposição de que o trabalho é a causa *exclusiva* de valor de troca. Partindo da suposição precária de que a hipótese da exploração "espelharia a realidade capitalista em seus traços básicos", como se fosse um princípio sólido, que surgisse de uma parte comprovada da lei do valor, Schmidt comete uma óbvia *petitio principii*.

E essa *petitio principii é* agravada por uma contradição. A simples pressuposição, não provada, do caráter explorador do juro ainda não conduz Schmidt ao seu objetivo. Ao contrário, ele é obrigado a tratar, ora como válido, ora como não válido, o princípio falso de que a grandeza de valor de troca depende só da quantidade de trabalho, e é forçado a fazer isso pelo raciocínio lógico que o deveria levar à explicação do verdadeiro fenômeno do juro. Não basta explicar a origem do juro, é preciso explicar sua percentagem. Schmidt, junto com o Marx do terceiro volume, diz que a porcentagem do juro é determinada a partir da distribuição igual da massa total da mais-valia, obtida pelo capitalista, segundo a lei de equiparação dos ganhos sobre todos os capitais investidos, na proporção de seu montante e do tempo de investimento. Para poder tornar convincente essa parte de sua explicação. Schmidt admite, expressamente, que a hipótese da lei do valor — de que as mercadorias se trocam na proporção do trabalho nelas corporificado — não corresponde à realidade e não é uma verdade confirmada [p. 311].

Mas isso não basta para explicar a porcentagem do lucro. É preciso supor — e explicar — as cifras do dividendo obtido com distribuição igual, ou a cifra total da mais-valia obtida pelo capitalista através da exploração. Para essa parte da sua explicação Schmidt supõe — com o Marx dos três volumes — que os capitalistas conseguem, para as mercadorias que mandaram produzir com trabalho alheio, um valor de troca inteiramente correspondente ao que foi a elas atribuído naquela hipótese da lei do valor, ou seja, um valor que corresponderia exatamente ao número de horas de trabalho corporificadas nas mercadorias. Portanto, em duas fases de um só raciocínio, ele trata a lei do valor ora como válida, ora como falsa. Isso nos faria pensar mais, nos faria imaginar que as duas fases do raciocínio explicativo correspondessem a duas fases separadas nos fatos reais. Isso seria possível se a formação da mais-valia se desse *num* processo isolado, e a distribuição dessa mais-valia *em outro*, independente. Mais ou menos como acontece em relação aos ganhos de uma sociedade anônima, que, apesar de terem sua origem e cifra determinadas a partir dos negócios daquele ano, são distribuídos, num ato posterior, conforme uma resolução tomada em reunião de diretoria. Não é assim com a mais-valia dos capitalistas. Sua origem e distribuição, segundo a doutrina de Marx e Schmidt, não acontecem em dois atos diversos, mas num único fato, que é a constituição do valor de troca das mercadorias. A mais-valia forma-se na maneira e no montante dados por Marx, porque o valor de troca das mercadorias obtido pelos empresários capitalistas é determinado unicamente pelo tempo de trabalho nelas corporificado. E é distribuído, também, da maneira afirmada por Marx, porque *esse mesmo* valor de trabalho *não* depende unicamente do tempo de trabalho! Portanto, textualmente, diante do mesmo fato, que é a formação do valor de troca de mercadorias, pode-se afirmar, ao mesmo tempo, que a lei do valor é uma realidade empírica plena, e que *não é* uma hipótese correta!

Os marxistas gostam de se amparar em analogias com as leis e hipóteses das ciências naturais, cuja eficácia empírica também sofre certas modificações em função de obstáculos inibidores, sem que, por isso, a lei deixe de ser correta. Se, por exemplo, a lei da gravidade fosse absoluta, a queda dos corpos seria bem diferente do que é, pois [p. 312] esta queda sofre a influência da resistência do ar. Mas a lei de gravidade é uma lei verdadeira, legítima, científica. Da mesma forma sucederia com a "lei do valor". A lei estaria certa, mas na prática sua eficácia ficaria deformada pela existência do capitalismo privado, que exige uma porcentagem de lucro. Assim como a resistência do ar impede que os corpos em queda assumam a velocidade prevista pela lei da gravidade, da mesma forma a influência do capitalismo privado, com sua exigência de juros iguais, impede que o valor de troca das mercadorias se harmonize inteiramente com as quantidades de trabalho.

É uma comparação defeituosa. O silogismo marxista revela uma excrescência que não ocorre no impecável silogismo dos físicos. Os físicos têm certeza de que a gravidade é a única causa da velocidade de queda dos corpos no vácuo. Mas também sabem que essa velocidade na atmosfera é efeito de várias causas, evitando, por isso, fazer afirmações que só seriam válidas caso a gravidade agisse isoladamente. Com os marxistas, é diferente. Mesmo depois de terem incluído na hipótese a existência do capital privado — em analogia à resistência do ar — continuam afirmando, como vimos, que a quantidade total de mais-valia depende do valor de troca das mercadorias, que por sua vez sofre influência exclusiva das quantidades de trabalho nelas incorporadas. E é só a partir da explicação da distribuição do valor total sobre as parcelas isoladas do capital que eles começam a lembrar-se de que outra causa também concorre para isso. É como se os físicos afirmassem que também na atmosfera a velocidade total de um corpo em queda é igual à que seria no vácuo, só que, na atmosfera, ela se distribui sobre as várias camadas numa proporção diversa do que ocorre no vácuo!

Os físicos têm um bom motivo para presumir que, ao menos no vácuo, a queda dos corpos ocorreria exatamente como dita a lei da gravidade. Os marxistas, ao contrário, não têm um bom motivo — nem mesmo um mau motivo — para acreditarem analogamente que, sem capitalismo privado, o valor de troca das mercadorias seria determinado exatamente pela pretensa lei do valor do trabalho: eles simplesmente não têm motivo algum para afirmar isso. E assim chegamos ao segundo pecado capital do programa de Schmidt, acima mencionado: a textual precariedade do seu ponto de partida.

Creio que os marxistas vão longe demais com a "hipótese" do valor do trabalho. Certamente essa hipótese nada contém que seja *a priori* inconcebível ou impossível. Mas isso não basta para fazer de uma hipótese o alicerce de uma teoria séria. *A priori,* não é inconcebível que o valor de troca repouse no peso específico dos corpos! Mas também não é possível, com bases sólidas, dizer que podemos considerar válida uma hipótese enquanto não conseguirmos provar literal e palpavelmente o que ela contém. Eu poderia, por exemplo, levantar a hipótese de que todo o universo [p. 313] está cheio de incontáveis duendes invisíveis, grandes e pequenos, que puxam e apertam os corpos, e com isso provocam aquele fenômeno que os físicos — por meio de outra hipótese — atribuem à gravidade da matéria. Qualquer teórico do conhecimento há de admitir que não é possível uma objeção estrita daquela hipótese fantástica, por mais fantástica que ela seja — ou, pelo menos, que esta objeção não é possível a partir dos nossos meios de conhecimento. Nunca se poderá provar que existem esses gnomos que puxam e apertam. Quando muito poderemos dizer que sua existência é extremamente improvável. No entanto, haveriam de rir de mim, com toda a razão, se eu preferisse essa hipótese apenas por não lhe terem ainda feito qualquer objeção eficaz. É evidente — e essa foi sempre a postura da ciência — que só pode haver pesquisa científica séria sobre uma hipótese que tenha algum fundamento positivo que a torne ou uma boa hipótese, ou, ao menos, aquela relativamente melhor.

Ora, na presente fase do debate, a hipótese de que o valor do trabalho das mercadorias se fundamenta apenas no trabalho nelas corporificado não tem, a seu favor, fundamento algum.

Certamente, não é um daqueles axiomas evidentes, que dispensam provas, e já vimos isso anteriormente. A única tentativa de lhe dar alguma comprovação interna, a tentativa de Marx, fracassou. Aparentemente Schmidt também desistiu, por causa do fracasso. Aliás, parece exagero querer nos fazer crer que é uma necessidade imanente de cada troca de mercadoria, que sejam trocadas quantidades iguais de trabalho, quando o próprio Marx, em seu terceiro volume provou que, em certas condições, é preciso igualar quantidades *desiguais* de trabalho numa troca! Por outro lado, essa teoria não apresenta conformidade com os fatos empíricos, coisa que eventualmente poderia substituir uma fundamentação interna: *precisa* ser substituída sempre que os fatos fogem à análise. Ao contrário, como já comentei amplamente, a experiência revela inúmeras contradições flagrantes, e, de qualquer forma, não é possível encontrar coincidência maior com a "hipótese". Por fim, nunca se tentou, com base em qualquer fundamentação interna, provar ou tornar compreensível, pela análise das razões da troca, alguma tendência a se formarem valores segundo quantidades de trabalho. Obstáculos externos não permitiriam isso. Os marxistas sequer tentaram prová-lo, por saberem estar fadados ao fracasso.

Tudo o que vemos na experiência, e tudo o que sabemos sobre os motivos que provocam a troca, nos força a presumir que, assim como na realidade do capitalismo privado, também numa sociedade não capitalista o valor não se harmonizaria com a quantidade de trabalho. Em qualquer sociedade, e com qualquer tipo de distribuição de bens, as pessoas levam em conta a utilidade e os custos. Estes contêm em si, indubitavelmente, como componente parcial, a quantidade da aplicação de trabalho, mas também não se esgotam nela, pois o tempo em que os bens [p. 314] trazem seus resultados tem papel importante, e não há espaço para a hipótese não realista do valor do trabalho.

3
REINTERPRETAÇÃO DE EDWARD BERNSTEIN

Apareceu recentemente uma notável publicação nos meios socialistas, que recua mais um importante passo em relação à linha defendida por Konrad Schmidt, pois já não considera a lei do valor apoio e prova da teoria socialista da exploração. Seu autor, Edward Bernstein[6], ainda dedica à lei do valor certa apologia morna, com um tipo de raciocínio que se situa entre o de Sombart e o de Schmidt. A irrealidade da lei do valor, na medida em que se deve ligar às relações de troca das mercadorias isoladas, é abertamente admitida. O valor do trabalho é declarado "construção puramente conceptual", "fato puramente conceptual construído sobre abstração". Seria "apenas uma chave, um símbolo", como o "átomo animado". Com a afirmação de que as mercadorias isoladas se vendem pelo seu valor, Marx teria apenas pretendido "concentrar" num "caso isolado" o verdadeiro processo que a produção sofreria, segundo seu ponto de vista, ou seja, o "mais-trabalho".[7] Mas Bernstein já não o comprova pela lei do valor. Certamente sentindo que a própria lei é demasiadamente precária para poder apoiar mais outra coisa nela, ele declara: "É totalmente irrelevante, para provar o mais-trabalho, saber se a teoria do valor de Marx é correta ou não. Nesse sentido, ela não é uma tese comprobatória, mas apenas um instrumento de análise e visualização."[8].

E faz, significativamente, outra concessão ainda maior: a de que o valor do trabalho, enquanto chave, "falha a partir de certo momento, e por isso torna-se funesto para quase todos os discípulos de Marx". E diz que "a doutrina do valor não é norma de justiça ou de injustiça na distribuição do produto do trabalho, assim como a doutrina do átomo não constitui norma para a beleza ou defeito de um quadro". O "valor de uso marginal da escola de Gossem-Jevons-Böhm", por sua vez, que tem por fundamento — como o valor do trabalho de Marx — "relações reais", apesar de se construir sobre abstrações, tem também "direito de validade dentro de certos limites", e "para determinados fins". Diz ainda que, levando-se em conta que também Marx enfatizou o significado do valor de uso, é impossível "desdenhar a teoria de Gossem-Böhm"[9].

---

[6] *Die Voraussetzungen des Sozialismus und die Aufgaben der Sozialdemokratie*, Stuttgart, 1899.

[7] No original alemão, *Mehrarbeit* jogando com o termo *Mehrwert* (mais-valia). Pode-se usar "superávit de trabalho", por exemplo. Preferi criar "mais-trabalho", para tentar observar a direta ligação que fez o autor alemão (*N. da T.*).

[8] *Op. cit.* (pp. 38. 41. 42. 44).

[9] *Op. cit.* (pp. 41, 42, 45).

Mas será que, com isso, Bernstein estaria pretendendo descobrir substitutos para aquelas provas já rejeitadas que o marxismo de seus antecessores [p. 315] havia procurado aplicar à lei do valor, para, assim, ele poder ainda sustentar a teoria da exploração, como, afinal, acaba fazendo? Ele recorre a uma premissa extraordinariamente simples, mas também de força comprobatória extraordinariamente duvidosa. Aponta para o fato de que "da criação e distribuição de mercadorias participa ativamente só parte da população, enquanto há outra parte composta por pessoas que, ou auferem ganhos prestando serviços não diretamente ligados à produção, ou os auferem sem trabalhar. Portanto, há muito mais pessoas vivendo do trabalho aplicado por outros na produção do que trabalhando efetivamente, e a estatística dos ganhos nos mostra que, além de tudo, as camadas não ativas na produção se apoderam de parcela muito maior do produto total do que lhes caberia secundo sua relação numérica com a parte ativamente produtiva. O 'mais-trabalho' dessa camada é um fato comprovável na experiência; não precisa, portanto, de prova dedutiva"[10].

Em outras palavras, Bernstein entende o "mais-trabalho" num claro sentido marxista, como exploração de trabalho alheio. Pelo simples fato de que o produto nacional não é todo ele distribuído entre os trabalhadores produtivos, como salário de trabalho, pois existem outras formas de ganho, Bernstein quer fazer crer que a exploração sobre os trabalhadores seja um fato que, por ser *empiricamente* comprovado, prescinde de prévio esclarecimento dedutivo. Mas essa conclusão é, ao contrário, tão apressada, contém uma tão óbvia *petitio principii*, que praticamente não precisa de refutação. A partir desta mesma conclusão, poderíamos até superar os fisiocratas e provar que todo o resto da humanidade vive da exploração das classes agrícolas. Pois, afinal, é um fato que dos produtos do solo, produzidos pelos agricultores, se sustenta uma porção de outras pessoas!

Na verdade, o problema não é tão simples assim. A experiência mostra, sobretudo, que o produto nacional nasce da colaboração entre o trabalho humano e os meios de produção objetivos, de origem parcialmente natural, parcialmente artificial (solo, capital etc.). E que esse produto é dividido, segundo algum critério, entre aqueles que cooperam na produção. Mas, se alguém tiver a opinião — muito discutível, por sinal — de que só um dos participantes *deveria* participar de fato, e de que a participação de qualquer outro resultaria em exploração daquele, essa pessoa precisa analisar a relação interna dos fatores, e procurar provar, através de fundamentação interna, que,

---

[10] *Op. cit.* (p. 42).

apesar de tantos fatores participantes, apenas um deles significa tudo e tudo pode reclamar, pelo menos no que diz respeito à distribuição. Os outros, que nada significam, nada podem reivindicar.

Também Marx entendia assim esse problema. Partindo do princípio de que, na vida econômica, os bens operam conforme o seu valor, Marx [p. 316] procurou, coerentemente, para poder conceder aos trabalhadores todo o valor do seu produto, demonstrar que o valor é criação apenas do trabalho. Sua lei do valor era um meio de provar que as exigências de participação feitas pelos proprietários de terras e pelos capitalistas deveriam ser eliminadas.

O próprio Bernstein não há de querer prosseguir sem dedução. Obviamente sua prova, que ele afirma ser só empírica, contém um elemento dedutivo não mencionado: o princípio de Rodbertus de que, do ponto de vista econômico, todos os bens são puros produtos de trabalho. Se não considerarmos esse princípio um fator de ligação — uma vez que a lei de valor de Marx já foi expressamente excluída das premissas comprobatórias — a dedução de Bernstein nem formalmente será conclusiva. Mas essa premissa dedutiva, para a qual Bernstein é forçado a voltar, não consegue dar à teoria da exploração um apoio maior do que o que foi dado pela lei de valor de Marx. Como sabemos, essa lei é categoricamente falsa, na medida em que deforma e nega a significação que os dons raros da natureza têm, não só para a economia humana e para a produção[11], como também — o que é mais importante — para a questão do juro de capital, pois mesmo naquilo em que essa lei é correta, ela não oferece fundamento para a teoria da exploração em relação ao modo como essa teoria a concebe e às suas consequências. Isso porque — lembremo-nos — a teoria da exploração não se contenta com reclamar para os trabalhadores o total do que estes produzem: reclama esse total num momento *anterior* ao da sua produção. Ora, essa antecipação artificial não encontra respaldo em nenhum princípio da natureza ou do Direito natural, cuja transgressão se possa rotular de "exploração". Os defensores da teoria da exploração não esclarecem, nem para si nem para seus leitores, essa impressão pouco natural — para não dizer antinatural — que se encontra em seus postulados pretensamente derivados de motivações naturais. Mas é impossível negar sua existência. Já o provei anteriormente, em relação a Rodbertus, num exemplo concreto, mas de pouca abrangência[12]. Pretendo, agora, demonstrá-lo mais uma vez e de modo bem abrangente. Parece que, depois que o episódio com a fantasiosa lei do valor de Marx finalmente começa a ser superado, a

---

[11] Cf. acima (pp. 257 ss.).

[12] Cf. acima (pp. 263ss.).

batalha em torno da teoria da exploração deverá recuar mais uma vez àquela posição onde Rodbertus se manteve com seus teoremas, para lá aguardar sua sentença.

Bernstein resume o conteúdo dessa posição num conceito de surpreendente simplicidade: diz que também pessoas que não são trabalhadores produtivos vivem do produto nacional. A essa afirmativa quero opor fatos não menos simples e elementares.[13]

É fato que os métodos de produção, hoje empregados, com os quais se produzem através de "trabalho indireto", materiais, instrumentos, máquinas, materiais auxiliares, meios de transporte etc., são muito mais rendosos do que os antigos métodos de produção, que não precisam desses longos preparativos. É fato que, quando se considera [p. 317] como uma coisa só não apenas o trabalho aplicado direta e indiretamente a um bem de consumo, o fruto maduro só poderá ser colhido ao fim de um processo completo de trabalho, que pode abranger vários anos. É fato, também, que os socialistas reivindicam esse produto total — ou todo o seu valor — como "salário pleno" para os trabalhadores ativos na produção. Por outro lado, os socialistas não querem, de modo algum, admitir que a distribuição desse valor total aos trabalhadores seja adiada até aquele momento em que o produto por eles criado esteja pronto e disponível para distribuição. Pretendem, muito pelo contrário, que os trabalhadores recebam, cada um imediatamente após a conclusão de sua parte no trabalho, o equivalente pleno daquilo que resultará do trabalho de todo o grupo, dali há alguns anos.

Entra aqui uma nova série de constatações. É certo que qualquer distribuição a trabalhadores antes da conclusão da obra só poderá ocorrer se, de alguma fonte, surgirem bens prontos para o consumo antes de que aquela obra esteja concluída. E essa mesma condição é imprescindível para que o trabalho possa ser dirigido para fins e consumo remotos, e para que possam ser adotados métodos de produção abrangentes e fecundos. Caso contrário, seria preciso aceitar lucros de trabalho menores, obtidos com métodos de produção menos sofisticados e abrangentes. Tais provisões de bens existem, são herdadas, e se multiplicam, de geração em geração, nas mãos dos capitalistas. A obtenção de tais bens — por enquanto deixaremos isso de lado — talvez tenha sido parcialmente justa e parcialmente injusta. Mas é certo que essa provisão de bens foi criada — e mantida — graças a um méri-

---

[13] A refutação da reinterpretação de Bernstein sobre as ideias marxistas de exploração do trabalho é clara mas breve. Porém, para entender a plena força tio argumento de Böhm-Bawerk, é necessário ler sua *Teoria positivo do capital*, Vol. II de *Capital e juro*. Não há descrição melhor do uso de capital para a produção moderna (*N. do E.*).

to que não é dos trabalhadores, e estes, no entanto, serão sustentados e pagos por ela enquanto durar o processo de produção em curso.

Portanto, não é mérito pleno dos trabalhadores hoje ativos, nem de seu esforço e de sua habilidade unicamente, que se venha a obter, depois de certo número de anos, um produto mais abundante. Se parte desse mérito recai sobre pessoas que realizaram algum trabalho prévio, pessoas que cuidaram da criação e da manutenção dos bens armazenados, será razoável afirmar que a obra dos primeiros trabalhadores lhes dá o direito de reivindicar, sem nenhuma contestação, todo o lucro daquele produto maior e mais abundante? E ainda mais, será possível reconhecer-lhes o direito de o receberem *antes* do produto totalmente pronto?

Pois é exatamente o que a teoria da exploração nos quer fazer crer, embora nem o mais fervoroso defensor dos trabalhadores que veja os fatos com clareza — coisa que a teoria da exploração não faz [p. 318] — possa concordar com isso. Até o momento, essa teoria tem evitado em todas as suas formulações, o ponto espinhoso da questão: a diferença de tempo entre o pagamento aos trabalhadores e a finalização do produto, bem como o significado dessa diferença de tempo no que concerne à técnica da produção e à valorização dos bens. Esse tema ou fica intocado, ou é abordado de maneira falaciosa e incorreta — e Marx muito colaborou para isso. Às vezes ele considera ser uma "circunstância totalmente irrelevante" para a valorização do produto o fato de que parte do trabalho necessário para se ter um produto pronto tenha sido realizado em momentos anteriores, "num passado mais que perfeito."[14]. Outras vezes, através de uma dialética deturpadora, chega a provar o contrário; prova que os prazos habituais para se pagarem salários não são uma antecipação, mas sim um atraso dos pagamentos, que vai contra os trabalhadores: como estes costumam receber os salários somente ao fim do dia, da semana ou do mês em que trabalharam para os empresários, não são os empresários que antecipam salários, e sim os trabalhadores que antecipam trabalho[15].

Isso seria correto se aceitássemos que a reivindicação de salários dos trabalhadores nada tem a ver com o futuro produto que nascera do seu trabalho. Se disséssemos que o que o empresário compra não é esse futuro fruto do trabalho, mas simplesmente a atual ação física do trabalhador. E mais, se disséssemos que qualquer eventual resultado futuro, no que tange a utilidade, uma vez firmado um contrato,

---

[14] I (p. 175).

[15] II (pp. 197 ss.).

é problema do empresário e não do trabalhador ou do seu contrato. Em suma, se adotarmos essas posições, estará certo dizer que, quando o salário *vem depois* do trabalho, não é o empresário quem adianta salário, mas o trabalhador quem adianta trabalho.

No entanto, se reivindicarmos — como fazem Marx e os socialistas, talvez com algum acerto — um salário compatível com o produto que dele resultará, fundamentando nosso juízo crítico sobre salários na relação existente entre estes e o produto final do trabalho, nesse caso, não poderemos ignorar nem negar que, mesmo que o pagamento ocorra imediatamente depois de executadas as etapas parceladas de trabalho, esse pagamento ainda assim antecede em muito o surgimento dos produtos de consumo. Desse modo, a reivindicação de salários sobre produtos é até medida com uma antecipação artificial, que tem de ser compensada na cifra do salário, uma vez que há diferença entre o valor presente e o futuro dos produtos [p. 319].

Quando, acima, tratei dos vários setores que participam do produto nacional, fui propositadamente reservado e negativo, pois era essa a atitude condizente com a natureza de minha tarefa. O acerto ou a falsidade da teoria da exploração não depende do fato de as parcelas do produto nacional não empregadas em salários serem ou não aplicadas segundo o mérito real dos participantes: depende, única e exclusivamente, de se poder ou não provar que o mérito dos trabalhadores justifica uma aplicação artificialmente antecipada de todo o produto nacional em salários. Se isso não puder ser justificado, a teoria da exploração será falsa, pois uma parcela do produto nacional ficará livre para reivindicações justas de outros pretendentes. A utilização dessa parcela, de acordo com o bem comum permanente, poderá ficar a cargo de uma jurisprudência esclarecida. Pode ser — e os modernos seguros sociais, os impostos progressivos sobre lucros, a crescente estatização, entre outros, mostram que nossa justiça se dirige para isso — pode ser que a jurisprudência tenha razões não só de reforçar, através de medidas artificiais fundamentadas nas mais justificáveis conveniências, uma maior participação das classes trabalhadoras na parcela disponível do produto nacional, mas, também, de limitar direta ou indiretamente os lucros sobre propriedades. No entanto, o exame desse assunto — e a decisão a que esse exame há de levar — aponta para razões bem diversas daquelas invocadas pela teoria da exploração. Em última análise, essa teoria pretende cortar o debate, sob pretexto de um falso direito.

E, quando da discussão sobre qual parcela do produto nacional o direito justo dos trabalhadores não atinge, a teoria da exploração impede a manifestação dos verdadeiros motivos e ponderações.

Parte VI
Conclusão

Conclusão

Dediquei um espaço excepcional a discussão da teoria da exploração, mas fiz isso deliberadamente. Nenhuma outra doutrina influenciou tanto o pensamento e a emoção de gerações inteiras. E foi exatamente a nossa geração que presenciou seu auge, que, penso, começa a declinar,[1] embora devamos esperar novas obstinadas defesas dela, ou tentativas de revivê-la, ainda que modificada. Por isso, para servir à causa, penso não dever contentar-me com uma crítica puramente retrospectiva das fases já encerradas dessa doutrina: mas é preciso olhar para a frente e tentar criticar o cenário intelectual no qual, segundo indicações seguras [p. 320], seus seguidores pretendem acirrar mais uma vez a luta ideológica.

Em relação à velha teoria da exploração — que apresentei através de seus melhores defensores, Rodbertus e Marx — não posso minimizar o severo julgamento manifestado já na primeira edição desta obra. O que esses autores nos apresentam não é apenas uma teoria incorreta: constitui-se mesmo numa das piores teorias sobre juros existentes, se formos considerá-la em seu valor teórico. Os erros de raciocínio de defensores de outras teorias, por mais graves que sejam, dificilmente serão tão graves e numerosos quanto os dos defensores dessa teoria: presunção, leviandade, pressa, dialética falseada, contradição interna e cegueira diante dos fatos reais. Os socialistas, que são críticos diligentes, apresentam-se como dogmáticos muito fracos. Há muito o mundo estaria certo disso se, por acaso, se trocassem as posições, e um Marx ou Lassalle atacassem as teorias socialistas com a mesma brilhante retórica e cáustica ironia dirigidas contra os "economistas burgueses"'.

Na minha opinião, o fato de que, apesar de sua fragilidade interna, a teoria da exploração encontre tantos seguidores, deve-se à concorrência de dois fatores. O primeiro deles reside no fato de a disputa se ter transplantado para um terreno onde fala não só a cabeça, mas também o coração. Acreditamos com muita facilidade naquilo em que desejamos acreditar. A situação das classes trabalhadoras é, em geral, de miséria: qualquer filantropo tem de desejar que ela melhore. Muitos ganhos de capital brotam de fontes escusas: qualquer filantropo tem de desejar que sequem. Uma teoria que pretende resultar em melhores condições de vida para os miseráveis, diminuindo os privi-

---

[1] Böhm-Bawerk foi excessivamente otimista ao escrever isso (*N. do E. americano*)

légios dos ricos, terá a defesa fervorosa das muitas pessoas com cujos ideais essa teoria coincide total ou parcialmente. E tal defesa será feita sem a lucidez crítica habitual nestas mesmas pessoas quando elas analisam uma teoria em suas bases científicas. É compreensível, pois, que tais doutrinas despertem a devoção das massas. As massas não buscam a reflexão crítica: simplesmente, seguem suas próprias emoções. Acreditam na teoria da exploração porque ela lhes agrada, não importando que seja falsa. Acreditariam nela mesmo que sua fundamentação fosse ainda pior do que é.

Outra circunstância que favoreceu a teoria da exploração e sua difusão foi a precariedade dos pontos de vista de seus adversários. Tal polêmica, conduzida a partir de um ponto de vista frágil, com argumentos vulneráveis como aqueles das teorias da produtividade, da abstinência e do trabalho, apresentados por um Bastiat ou McCulloch, Roscher ou Strasburger, tinha de acabar favorecendo os socialistas. Os adversários dos socialistas, [p. 321] ao assumirem posições mal escolhidas, não lhes atingiam os pontos fracos. Faziam ataques fáceis de revidar, abrindo flancos em seu próprio terreno. E os socialistas sabiam valer-se disso com sorte e habilidade. Assim, e praticamente só assim, o socialismo pôde sustentar sua teoria. Se muitos escritores socialistas conseguiram uma posição duradoura na história da Economia, isso aconteceu exclusivamente graças à força e agilidade com que souberam destruir muitas antigas doutrinas errôneas, que estavam profundamente enraizadas. O que os socialistas não conseguiram foi colocar a verdade em lugar do erro: quanto a isso, foram ainda mais desastrosos que seus adversários.[2]

---

[2] Os leitores devem estar informados sobre a ideia de que *todas* as teorias que explicam o juro, inclusive as teorias populares *capitalistas*, são igualmente desacreditadas em *History and Critique* of *Interest Theories* de Böhm-Bawerk, Volume I de seu *Capital and interest*. Para se obter uma boa perspectiva das ideias, é necessário ler o Volume II, *Positive Theory of Capital*, e o Volume III, *Further* Essays on *Capital and Interest* (*N. do E. americano*).

APÊNDICE

EUGEN VON BÖHM-BAWERK E O LEITOR CRÍTICO (COMENTÁRIO DE LUDWIG VON MISES[1] SOBRE CAPITAL E JURO[2])

A publicação de uma nova tradução em língua inglesa da monumental obra de Böhm-Bawerk, *Capital e juro,* leva a uma questão importante. Não há dúvida de que o livro de Böhm-Bawerk é a mais eminente contribuição para a moderna teoria econômica. Todo economista precisa estuda-la com cuidado e examinar com muita atenção seu conteúdo. Uma pessoa que não estiver bem familiarizada com todas as ideias apresentadas nesses três volumes não poderá ser considerada como economista. Por outro lado, para o leitor comum — para o homem que não planeja especializar-se em economia porque seu exaustivo envolvimento com negócios e profissão não lhe deixa tempo de mergulhar em análises econômicas mais detalhadas — que poderá significar esse livro?

Para responder a essa pergunta temos de levar em conta o papel que os problemas econômicos desempenham em nossa política atual. Todos os conflitos e antagonismos políticos em nossa era são, no fundo, assuntos econômicos.

Nem sempre foi assim. Nos séculos XVI e XVII, as controvérsias que dividiam os povos de civilização ocidental em partidos que se hostilizavam entre si eram religiosas. O protestantismo combatia o catolicismo, e mesmo dentro dos meios protestantes várias interpretações dos Evangelhos entravam em desacordo. No século XVIII, e numa boa

---

[1] A Escola Austríaca de Economia no final do século XIX mostrou que a teoria do custo ou teoria do valor do trabalho é insustentável, e expôs em seu lugar a teoria do mercado livre — ou teoria subjetiva ou teoria do uso marginal. Consumidores determinam preços segundo a avaliação que fazem de um artigo comparando-o com outros bens, e a subsequente decisão de comprá-lo ou de usar um substituto. Nisso consiste a liberdade individual em seu aspecto econômico, e ela é a pedra fundamental de uma sociedade livre. Ludwig von Mises, professor visitante de Economia na Universidade de Nova York é, por consenso geral, o expoente máximo da Escola Austríaca — mestre em sua especialidade, destacado entre os maiores nomes da disciplina. (*Capital e juro* foi publicado em 1959 quando o Doutor Mises escreveu a presente avaliação, que conserva, hoje, 1975, sua atualidade. Doutor Mises nasceu em 29 de setembro de 1881 e morreu aos 92 anos, em 10 de outubro de 1973).

[2] Em três volumes: Vol. I "História e crítica das teorias do juro", (512 pp.); Vol. II. "Teoria positiva do capital", (480 pp.); Vol. III, "Novos Ensaios sobre Capital e Juro", (256 pp.). Libertarian Press, South Holland, Illinois 60473. U.S.A.

parte do século XIX, conflitos constitucionais prevaleciam na política. Os princípios do absolutismo realista e o governo oligárquico sofriam resistência por parte do liberalismo (no sentido europeu clássico do termo), que defendia um governo representativo. Naqueles dias, a pessoa que quisesse tomar parte ativa nos grandes problemas de seu tempo tinha de estudar seriamente o tema dessas controvérsias. Os sermões e livros dos teólogos da época da Reforma não atingiram apenas os círculos esotéricos de especialistas: eram avidamente consumidos por todo o público. Mais tarde, também os escritos dos maiores defensores da liberdade eram lidos por todos os que não estavam inteiramente envolvidos com esses temas em sua rotina cotidiana. Só as pessoas ignorantes deixavam de se informar sobre os grandes problemas que agitavam as mentes de seus contemporâneos.

Em nossa era, o conflito entre a liberdade econômica — representada pela economia de mercado — e a onipotência do governo totalitarista do socialismo constitui-se no conflito fundamental. Todas as controvérsias políticas se fundamentam nesses problemas econômicos. Somente o estudo da Economia pode dizer a um homem o que significam todos esses conflitos. Nada se pode conhecer sobre assuntos como inflação, crise econômica, desemprego, sindicalismo, protecionismo, taxação, controle econômico, sem que esse conhecimento envolva e pressuponha uma análise econômica. Todos os argumentos referentes à economia de mercado, bem como aqueles usados pelos que se opõem a esse tipo de economia — os intervencionistas ou os socialistas (comunistas) — são de caráter econômico. Alguém que fale nesses problemas sem estar a par das ideias fundamentais da teoria econômica há de se assemelhar a uma criança, que repete feito papagaio o que eventualmente captou de seus companheiros, não mais bem informados do que ela própria. Um cidadão que dá seu voto em uma eleição sem ter estudado, da melhor forma possível, tudo o que estiver a seu alcance sobre Economia, falhou em seu dever cívico. Ele não está usando de maneira adequada o poder que sua cidadania lhe deu ao conferir-lhe o direito de votar.

Não há melhor método de apresentar a alguém os problemas econômicos do que dar-lhe livros dos grandes economistas, entre os quais, certamente, está Böhm-Bawerk. Seu volumoso tratado é a verdadeira estrada para a compreensão dos assuntos políticos fundamentais de nossa era.

O leitor comum deveria começar pelo segundo volume, no qual Böhm analisa não só a essência da poupança e da acumulação de capital, como também o papel que os bens de capital desempenham no processo de produção. Especialmente importante é o terceiro livro do segundo volume: lida com a determinação do valor e dos preços³. Somente depois da leitura desses dois volumes o leitor deveria voltar-se para o primeiro, que apresenta uma história crítica de todas as doutrinas elaboradas sobre a fonte do juro e do lucro, escritas por autores que o precederam. *Nessa revisão histórica, a parte mais importante é o capítulo que analisa as chamadas doutrinas da exploração, em primeiro lugar a de Karl Marx na obra "O capital" — o Alcorão de todos os marxistas. A refutação da teoria marxista do valor do trabalho talvez seja o capítulo mais interessante da contribuição de Böhm. É, sem dúvida, o mais atual do ponto de vista político.*

O terceiro volume consiste em quatorze brilhantes ensaios nos quais Böhm-Bawerk examina várias objeções levantadas contra a validade de sua teoria.

A nova tradução foi feita pelo Professor Hanz Sennholz, chefe do departamento de Economia em Grove City College, e por Mister George D. Huncke. Mister Frederick Nymeyer tornou toda a obra de Böhm-Bawerk acessível ao público de língua inglesa. A única tradução anterior a ela é obsoleta, por ter sido feita sobre uma primeira edição do tratado, que se compunha de apenas dois volumes. A nova tradução nos dá o texto inteiro da terceira edição — revisada e consideravelmente aumentada — que Böhm-Bawerk completou poucas semanas antes de sua prematura morte em 1914.

Um livro das dimensões e profundidade de *Capital e juro* não é de fácil leitura. Mas o esforço compensa. O leitor se sentirá estimulado a encarar os problemas políticos não apenas do ponto de vista dos *slogans* superficiais das campanhas eleitorais, e sim com a plena consciência de seu significado e as consequências para a sobrevivência de nossa civilização.

A grande obra de Böhm-Bawerk, embora seja "mera teoria" — não abordando, por isso, qualquer aplicação prática —, é a mais poderosa arma intelectual que se tem para a grande batalha da vida ocidental contra o princípio destrutivo do barbarismo soviético.

Ludwig von Mises

in *The Freeman*,
Foundation for Economic Education. Inc.
Irvington-on-Hudson.
Nova York. agosto de 1959

---

³ Cf. extrato *Valor e preço*, segunda edição revista e publicada em 1973 pela Libertarian Press, South Holland, Illinois 60473 (272 pp.).

Posfácio do Editor Americano

1
Problema com a Leitura de "Extratos"

Poderia haver dúvidas quanto à validade de se publicarem extratos de obras técnicas e extensas.

Na introdução que Einstein e Infeld escreveram para um livro de que foram coautores, eles afirmam que as novas ideias de Einstein ali contidas, graças a um esforço de popularização na sua redação, deveriam ser compreensíveis a uma pessoa de inteligência média; contudo, acrescentam secamente uma observação importante: a de que as ideias do livro têm de ser lidas na ordem em que são apresentadas, a começar do começo. Pelo visto, eles acreditavam que apenas passar os olhos pelo livro, ou começar pela sua metade, não contribuiria para sua compreensão. Em suma, compreender um livro difícil e pioneiro implica que o leitor comece pelo começo e não pelo meio.

Ora, o leitor que ler este "livro" começará pela página 241 de uma obra extensa e revolucionária, de mais de mil e duzentas páginas.

Contudo, são poucas as pessoas com tempo, interesse ou perseverança para ler *tudo* o que é apresentado na obra de três volumes que constitui a fonte do presente extrato. Por vários motivos, esperamos que este posfácio do editor auxilie o leitor. Um destes motivos reside no fato de que o livro, embora mostre por que a exploração é uma resposta errada para a origem do juro, não dá uma resposta positiva correta.

O mais longo e famoso livro de Böhm-Bawerk chama-se *Capital e juro*. O foco de atenção deveria ser a palavra *juro*. "Juro" aqui significa todo ganho imerecido, que é o juro de dinheiro, o aluguel de terra, o lucro num negócio. Juro, nesse sentido amplo, será um ganho legítimo? Uma sociedade que permite um ganho não merecido, além do ganho merecido (soldos, salários, ordenados, honorários), será uma sociedade justa?

O mundo se divide em dois campos: capitalismo *versus* socialismo-comunismo. Não são dois sistemas antagônicos por acaso. Trata-se de adversários naturais, com diferentes pontos de vista básicos. Um capitalista sincero terá de rejeitar o socialismo-comunismo; o socialista-comunista sincero só poderá hostilizar o capitalismo.

Na lista de acusações do socialismo-comunismo ao capitalismo, a maior delas é a de que o capitalismo seria explorador, ou seja, os capitalistas — pessoas que ganham juros, renda ou lucro — obtiveram, graças à posse de bens de capital, um ganho ao qual não têm direito *justo*, na medida em que esse ganho se efetua as custas de outras pessoas — os empregados. Essas são, presumidamente, exploradas (roubadas) na proporção do ganho dos capitalistas. A distinção entre ganho merecido e imerecido é, pois, de importância crítica.

É fundamental que o leitor deste extrato tenha alguma compreensão da estruturação do raciocínio em *Capital e juro*, obra que, em edições modernas, abrange três volumes.

2
VOLUME I: "HISTÓRIA E CRITICA DAS TEORIAS DE JURO"

Esse volume (512 páginas) explica e avalia criticamente cerca de uma dúzia de teorias do juro. Para cada uma delas Böhm-Bawerk primeiro apresenta a teoria — ou seja, apresenta a *explicação* do ganho imerecido do ponto de vista de socialistas comunistas, de capitalistas, e de outros economistas. Depois, Böhm-Bawerk assume a tarefa de demonstrar que a teoria é uma explicação *falsa* do ganho imerecido. Ele é tão devastador na sua crítica das teorias capitalistas que justificam o juro quanto na crítica das teorias socialistas. O décimo segundo capítulo no Vol. I analisa a teoria da exploração do socialismo-comunismo.

Os temas tratados no Vol. I "História e crítica das teorias do juro" distribuem-se nos seguintes capítulos:

I. O PROBLEMA DO JURO.

II. A OPOSIÇÃO AO JURO DE EMPRÉSTIMO POR PARTE DOS ANTIGOS FILÓSOFOS E CANONISTAS.

III. DEFESA DO JURO DE EMPRÉSTIMO DO SÉCULO XVI ATÉ O SÉCULO XVII. A QUEDA DO CÂNONE (IGREJA CATÓLICA). DOUTRINA DO JURO.

IV. A TEORIA DA FRUTIFICAÇÃO, DE TURGOT.

V. ADAM SMITH E A EVOLUÇÃO DO PROBLEMA DO JURO.

VI. Teorias inócuas.
VII. Teorias da produtividade - [Principais teorias pró-capitalistas em defesa do juro]
VIII. Teorias do uso.
IX. A teoria da abstinência.
X. As teorias da remuneração.
XI. John Rae.
XII. A teoria da exploração - [A mais importante teoria hostil ao juro]
XIII. Os ecléticos.
XIV. Duas tentativas mais recentes.
XV. Conclusões finais.

3
Volume II: "Teoria Positiva do Capital"

Esse volume (480 páginas) apresenta a *nova* explicação original de Böhm-Bawerk sobre a interpretação *correta* do ganho imerecido. Do nosso ponto de vista, é acadêmica, sólida e coerente. É na conexão lógica dessa interpretação que Böhm-Bawerk explica a natureza exata do "capital" em relação aos fenômenos de juro (todo ganho imerecido). Daí a importância do termo "capital" no título *Capital e juro*.

Böhm-Bawerk abre novos caminhos no Vol. II: os conteúdos não são críticos, mas construtivos. Ou, para usar a expressão do próprio Böhm-Bawerk, "positivos". As ideias de Smith, Ricardo e outros economistas são rejeitadas; os conceitos com que trabalhavam são considerados errôneos, em vez de úteis. A famosa estrutura econômica clássica de Adam Smith e David Ricardo, como sistema, entra em colapso; brilhantes e esclarecedoras colocações de Smith e Ricardo permanecem, embora não consigam dar conta do fenômeno universal e necessário do "ganho imerecido".

No Vol. II, um trecho brilhante e de grande interesse tem o título "Valor e preço", mas os leitores, em geral, terão dificuldade em entender adequadamente seu significado revolucionário, se não adotarem o conselho que Einstein-Infeld deram em relação à leitura de "Valor e preço", ou seja, que o livro deve ser lido inteiro, em sequência. (Esse trecho é encontrado em extrato separado, cuja segunda edição revisada foi editada pela Libertarian Press, 1973, sob o título *Value and Price*, 272 pp.).

4
VOLUME III: "NOVOS ENSAIOS SOBRE CAPITAL E JURO"

Esse volume (256 pp.) é um adendo ao Vol. II. As ideias de Böhm-Bawerk eram muito mal compreendidas e fortemente atacadas. O Vol. III apresenta as réplicas de Böhm-Bawerk a seus críticos.

A substância e conteúdo de *Capital e juro* consiste em que todas as formas de juro têm uma origem cosmológica e não ética (moral ou imoral). O termo técnico é juro *original*.

Basicamente, o juro original nasce da natureza e da organização do mundo, e da mortalidade humana. Os homens agem conforme seus "valores", e esses "valores" são sistematicamente afetados pelas perspectivas de mudanças de vida, bem como pela perspectiva da morte.

Consequentemente, as pessoas atribuem a um bem *atualmente* disponível, um *valor maior* do que o atribuído a outro bem idêntico, mas *futuro*. O ganho imerecido, portanto, baseia-se nas ideias que as pessoas têm sobre *valores* e sobre quais valores são afetados (influenciados) pelo *tempo* no qual o bem ou serviço estará disponível. O valor presente é diferente do valor *futuro* apenas por causa do tempo.

Este extrato, *A teoria da exploração do socialismo-comunismo,* tem uma qualidade intrigante: torna natural e tolerável o fenômeno do ganho imerecido; a crítica socialista-comunista do ganho imerecido evapora-se. Böhm-Bawerk, no entanto, não está visando apenas os socialistas comunistas. Mostra, por exemplo, que a teoria da produtividade dos capitalistas, que presumivelmente justifica o ganho imerecido, é um fracasso.

5
BÖHM-BAWERK E RODBERTUS

Ao apresentar a teoria da exploração do socialismo-comunismo, Böhm-Bawerk, ao invés de considerar todos os escritores socialistas comunistas, opta pela análise de dois de seus representantes mais destacados, Karl Johann Rodbertus e Karl Marx.

Rodbertus (1805-1875) foi descrito como "verdadeiro fundador do moderno socialismo científico na Alemanha". É considerado por muitos economistas como melhor do que Karl Marx nessa matéria. O Professor

Adolph Wagner descreveu Rodbertus como "o mais notável teórico do aspecto puramente econômico do socialismo científico". Rodbertus foi amigo muito próximo de Wagner, assim como o foi de Lassalle. Rodbertus tinha influência sobre Lassalle, que era um político socialista muito ativo, embora tivesse péssimo relacionamento com Marx.

Rodbertus era oriundo de uma família de classe alta do norte da Alemanha. Seu pai era professor de Direito do poder judiciário da Pomerânia. Inicialmente, Rodbertus foi advogado. Aos vinte e sete anos, abandonou suas atividades jurídicas para dedicar-se à Economia Política. Em suas viagens ficou profundamente impressionado pelas tensões sociais ligadas à industrialização. Enquanto seu amigo Lassalle se interessava por política, Rodbertus insistia em que o movimento socialista deveria restringir-se à economia e deixar de lado os objetivos políticos.

Rodbertus era um representante precoce dos chamados Socialistas de Cátedra, escola do pensamento socialista que floresceu nos meios acadêmicos alemães, especialmente em Berlim, na última metade do século XIX. Entre os nomes mais representativos dessa escola, estão Adolph Wagner, Gustav Schmoller, Lujo Brentano, Albert Schaffle e Werner Sombart.

Os Socialistas de Cátedra (ou, como eram conhecidos na Alemanha, *Kathedersozialisten*) tornaram-se influentes na política da Prússia e Alemanha por suas ideias, seu apoio ao imperialismo na Alemanha, e por sua influência sobre Bismarck, que aceitava idéias-chave dessa escola de pensamento econômico com a finalidade de:

1) Solapar teorias socialistas mais radicais.

2) Melhorar as condições para a luta de classes.

3) Fortalecer a dinastia Hohenzoller. Os Socialistas de Cátedra eram também chamados, com certa ironia, de "corpo-da-guarda intelectual dos Hohenzoller". Os membros da escola austríaca neoclássica do pensamento econômico (à qual pertencia Böhm-Bawerk) eram agressivos em seus embates ideológicos com os *Kathedersozialisten*.

As ideias dos Socialistas de Cátedra foram expressas da seguinte maneira por Schmoller numa reunião em Eisenach, em 1872 (*Social Economic Movements*, por Harry W. Laidler, p. 738. 1949. Thomas Y. Cromwell Company):

> Não pregamos nem a revolução da ciência nem a reversão da ordem social existente, e protestamos contra todos os experimentos socialistas. Mas não queremos, em nome do

respeito a princípios abstratos, permitir que os mais gritantes abusos se tornem dia a dia piores, nem permitir que a pretensa liberdade de contrato termine numa verdadeira exploração do trabalhador. Exigimos não só que haja uma preocupação (por parte do estado), dentro de uma mentalidade inteiramente nova, com a instrução dele (o trabalhador) e com seu treinamento, mas também que se evite a possibilidade de o trabalho ser realizado sob condições que terão como efeito inevitável a degradação do trabalhador.

Os Socialistas de Cátedra estavam sinceramente preocupados com a ansiedade existente em torno da "verdadeira exploração do trabalhador" e temerosos de que, sem uma legislação especial para protegê-lo, fosse "inevitável" — num mercado de trabalho livre — a "degradação do trabalhador".

Rodbertus analisa os efeitos econômicos e sociais da instituição da propriedade privada. Onde existe propriedade privada, o trabalho degenera-se em mercadoria e a terra toma-se capital. Elimine-se a propriedade privada, e todos os bens poderão ser considerados, economicamente, produtos apenas do trabalho; nesse caso, valores e preços dependeriam exclusivamente da quantidade de trabalho incorporado na produção. E uma teoria de que valores e preços de mercadorias e serviços dependem de *custos*, e de que esses custos devem ser apenas custos *de trabalho*.

Rodbertus achou que em sociedades primitivas os trabalhadores poderiam ser, de forma natural, privados de tudo, mas não da satisfação das necessidades mais prementes para a própria subsistência; os trabalhadores viveriam apenas no nível dessa subsistência, controlados pela "lei de ferro dos salários" (lei errada, mas naquele tempo amplamente aceita). Veja-se, a respeito, o artigo de Ludwig von Mises na p. 181. Quando, porém, o crescimento e a produtividade se erguem acima de um alegado nível de subsistência — observa Rodbertus —; as classes mais pobres deveriam ter uma parcela maior do produto social. Mercados livres e o *laissez-faire* não permitiriam que isso acontecesse para os trabalhadores; portanto, ele era a favor da intervenção governamental no sentido de aumentar a parcela do trabalhador.

Rodbertus tinha uma abordagem burocrática; e não revolucionária como a de seu amigo Lassale ou a de Marx. Era um "homem da lei e da ordem", propugnava por um programa evolutivo. No futuro, esperava a "total eliminação da propriedade privada dos meios de produção e da terra". Politicamente, Rodbertus considerava toda revolução um desvio, na medida em que envolvia distúrbios da lei e da ordem; como teórico, ele defendia um sistema orientado de planejamento social (modernamente chamado intervencionismo estatal), em vez do *laissez-faire*.

Rodbertus tinha ideias que se tornaram comuns mais tarde, no século XX. Um dos ataques mais comuns ao capitalismo pode ser chamado "O ataque à poupança (privada)". É o título do Cap. XXIV no breve texto de Hazlitt, *Economics in one lesson*.[4] Hazlitt comenta que um perdulário (chamado Alvin, um de dois irmãos) é um discípulo (para não retroceder mais ainda) de Rodbertus, que declarara, em meados do século XIX, que capitalistas "tem de gastar seu ganho até o último centavo em confortos e luxos", porque se "decidissem economizar... [então os inventários de] bens se acumulariam, e parte dos trabalhadores não teriam trabalho [ficariam desempregados]. Do que se disse anteriormente, os leitores terão visto que Rodbertus defendia falácias que integram o keynesianismo atual (1975). (Em seu capítulo, Hazlitt se referia a isso, destruindo a ideia de que poupanças particulares necessariamente seriam acompanhadas de desemprego.)

Na parte da descrição e crítica de Böhm-Bawerk sobre a teoria da exploração do socialismo-comunismo que põe em dúvida a versão de Rodbertus sobre a teoria da exploração do trabalhador (cf. pp. 30 ss), a análise feita é negativa e não positiva, ou seja, embora a teoria de Rodbertus seja desmascarada como errônea, não se apresenta a teoria correta; o leitor deve estar disposto a ler mais do que esse Extrato, se quiser conseguir a explicação "positiva" (correta) do fenômeno do ganho imerecido: mais precisamente, deve ler o Vol. II: "Teoria positiva do capital. " Aí é que Böhm-Bawerk esboça a resposta correta à questão sobre a origem do ganho imerecido.

O que Böhm-Bawerk mostra nesse Extrato em conexão com sua descrição e crítica das ideias de Rodbertus, é que — se a justiça prevalecer — as valorizações serão diferentes quando entra em cena o fator tempo: valores *presentes* de bens presentes versus valores presentes dos mesmos bens *futuros*. O autor afirma que há uma diferença entre o valor que uma pessoa confere a um bem presente, de consumo imediato, e o valor que ela confere ao mesmo bem consumível depois de um ou mais anos, isto é, no futuro. Ele mostra como, para cinco trabalhadores, um bem *presente* sempre será preferido a um bem *futuro*. Essa diferença na valorização de bens imediatamente consumíveis e de bens consumíveis só no futuro é a explicação — *a única* explicação final — do ganho imerecido.

Para chegar à compreensão desse fato, é preciso que o leitor coloque a questão em termos talvez absurdos: qual seria a diferença para menos

---

[4] Publicado em português, sob o título de *Economia em uma única lição*, pelo Instituto Liberal, em convenio com a José Olympio Editora, em abril de 1986. (*N. da* E.).

que uma pessoa atribuiria ao valor de um milhão de dólares que só fossem estar disponíveis em 200 anos em relação à mesma quantia disponível agora? Relativamente, ela desprezaria o bem *futuro* escolhendo avidamente o bem *presente*. (Mas todo o raciocínio "positivo" necessário para apoiar isso não pôde ser apresentado por Böhm-Bawerk nesse contexto).

Para tornar convincente o raciocínio negativo, Böhm-Bawerk coloca o problema em uma sociedade socialista-comunista totalmente pura, e imagina que sejam necessários cinco anos para construir uma máquina, com cinco homens trabalhando, cada um durante um ano. Depois de cinco anos a máquina fica pronta. Se a máquina custar 5.500 dólares, quando acabada, cada homem deveria ganhar 1.100? A resposta é não. O trabalhador do primeiro ano deveria ganhar mais, isto é, 1.200 dólares, o seguinte 1.150; o terceiro, 1.100; o quarto homem, 1.050 dólares, e o último 1.000. (Essas cifras dão um juro anual de 5%).

Böhm-Bawerk não pode, num breve exemplo, dar a resposta definitiva, mas sem dúvida tal exemplo alertará os leitores para o fato de que a teoria da exploração do socialismo-comunismo envolve uma falácia. A introdução do fator *tempo*, por parte de Böhm-Bawerk, é a primeira intuição de que a diferença de valorização entre bens presentes e futuros é, na verdade, a explicação correta para o ganho imerecido. O problema essencial está nas pp. 65 ss.

O leitor poderá perceber outro aspecto interessante e surpreendente da exposição de Böhm-Bawerk, quando ele afirma, claramente e sem restrições, que o trabalhador tem direito a receber *todo* o valor que produz. Tal afirmação, embora pareça um paradoxo, não o é: no capitalismo como sistema, o dono do capital não tem direito a *nada* do que o trabalhador realmente produz. Se o leitor entende isso, começará entender que está lendo um fragmento de um livro de notável importância.

A descrição e a crítica das ideias de Rodbertus eclipsam de várias maneiras a descrição e a crítica das ideias de Marx, que vêm logo a seguir, embora este último fosse mais famoso.

6
Böhm-Bawerk e Karl Marx

A história da vida e das ideias de Karl Marx é bem conhecida, e sua influência é tão monumental que não preciso apresentá-lo aqui em detalhes. As características de sua vida são apresentadas mais adiante, no artigo de Erik von Kuhneldt-Leedihn. Também se deu atenção a Marx e sua importância no mundo moderno. Examinemos aqui o estudo de Böhm-Bawerk sobre Marx. Essa análise aparece quase no fim do livro, e, para leitores que não puderam lê-lo todo, a conclusão de Böhm-Bawerk merece ênfase especial. O que se segue é extraído da Parte VI deste livro, pp. 199 ss.

> Dediquei um espaço excepcional à discussão da teoria da exploração, mas fiz isso deliberadamente. Nenhuma outra doutrina influenciou tanto o pensamento e a emoção de gerações inteiras.
>
> Em relação à velha teoria da exploração — que apresentei através de seus melhores defensores, Rodbertus e Marx —, não posso minimizar o severo julgamento manifestado já na primeira edição desta obra. O que esses autores nos apresentam não é apenas uma teoria incorreta: constitui-se mesmo numa das piores teorias sobre juros existentes, se formos considerá-la em seu valor teórico. Os erros de raciocínio de defensores de outras teorias, por mais graves que sejam, dificilmente serão tão graves e numerosos quanto os dos defensores dessa teoria: presunção, leviandade, pressa, dialética falseada, contradição interna e cegueira diante dos fatos reais. Os socialistas, que são diligentes críticos, apresentam-se como dogmáticos muito fracos. Há muito o mundo estaria certo disso se, por acaso, se trocassem as posições, e um Marx ou Lassalle atacassem as teorias socialistas com a mesma brilhante retórica e cáustica ironia dirigidas contra os 'economistas burgueses'.
>
> Na minha opinião, o fato de que, apesar de sua fragilidade interna, a teoria da exploração encontre tantos seguidores, deve-se à concorrência de dois fatores. O primeiro deles reside no fato de a disputa se ter transplantado para um terreno onde fala não só a cabeça, mas também o coração. Acreditamos com muita facilidade naquilo em que desejamos acreditar. A situação das classes trabalhadoras é, em geral, de miséria: qualquer filantropo tem de desejar que ela melhore. Muitos ganhos de capital brotam de fontes escusas: qualquer filantropo tem de desejar que sequem. Uma teoria que pretende resultar em melhores condições de vida para os miseráveis, diminuindo os privilégios dos ricos, terá a defesa fervorosa das muitas pessoas com cujos ideais essa teoria coincide total ou parcialmente. E tal defesa será feita sem a lucidez crítica habitual nestas mesmas pessoas quando elas analisam uma teoria em suas bases científicas. É compreensível, pois, que tais doutrinas des-

pertem a devoção das massas. As massas não buscam a reflexão crítica: simplesmente, seguem suas próprias emoções. Acreditam na teoria da exploração porque ela lhes agrada, não importando que seja falsa. Acreditariam nela mesmo que sua fundamentação fosse ainda pior do que é.

Outra circunstância que favoreceu a teoria da exploração e sua difusão foi a precariedade dos pontos de vista de seus adversários. Tal polemica, conduzida a partir de um ponto de vista frágil, com argumentos vulneráveis como aqueles das teorias da produtividade, da abstinência e do trabalho, apresentados por um Bastiat ou McCulloch, Roscher ou Strasburger, tinha de acabar favorecendo os socialistas. Os adversários dos socialistas, ao assumirem posições mal escolhidas, não lhes atingiam os pontos fracos. Faziam ataques fáceis de revidar, abrindo flancos em seu próprio terreno. E os socialistas sabiam se valer disso com sorte e habilidade. Assim, e praticamente só assim, o socialismo pôde sustentar sua teoria. Se muitos escritores socialistas conseguiram uma posição duradoura na história da Economia, isso aconteceu exclusivamente graças à força e agilidade com que souberam destruir muitas antigas doutrinas errôneas, que estavam profundamente enraizadas. O que os socialistas não conseguiram foi colocar a verdade em lugar do erro; quanto a isso, foram ainda mais desastrosos que seus adversários.

Até o momento, vimos dois famosos pensadores socialistas que elaboraram a teoria de que todo ganho imerecido resulta da exploração do empregador sobre seu empregado. Vejamos agora o que ensina a escola de pensamento econômico à qual pertencia Böhm-Bawerk.

7
Economia Neoclássica Austríaca

Uma pessoa que pretenda ser realista jamais afirmará que todo capitalismo individual é moral e justo. *Sistemas* bons e maus estão sujeitos a abusos — por parte de indivíduos — cometidos intencional ou não intencionalmente. O problema que precisa ser enfrentado é este: O *sistema capitalista é* injusto, enquanto o *sistema socialista-comunista* é justo? A postura de Böhm-Bawerk é a de que a crítica do capitalismo feita pelo socialismo-comunismo, no que diz respeito à *exploração*, é incorreta e de que é o socialismo-comunismo, como *sistema*, que deve ser realmente injusto.

Aqueles que defendem o sistema capitalista têm perguntas apressadas e respostas não menos apressadas sobre o fato de o capitalismo ser mais produtivo. Dizem que a economia baseada na acumulação de capital é uma abstinência meritória do consumo imediato. A produtividade resultante do suprimento de ferramentas etc. e/ou a abstinência de consumo deveriam ser recompensadas, dizem eles; e é exatamente isso que o sistema capitalista faz. Tais argumentos dos capitalistas em favor dos seus sistemas são aparentemente tão plausíveis quanto os argumentos baseados na teoria da exploração feitos pelos socialistas comunistas contra o capitalismo. Em vários capítulos, contudo, Böhm-Bawerk destrói os costumeiros argumentos pró-capitalistas baseados na "produtividade do capital", e na "recompensa pela abstinência". Isso, naturalmente, lhe impõe o eventual ônus de propor uma explicação correta do fenômeno dos "ganhos imerecidos", o que ele faz no seu Vol. II, "A teoria positiva do capital". Todo este volume é dedicado ao que Böhm-Bawerk considera a única explicação e justificativa correta para o "ganho imerecido".

É natural que as várias explicações incorretas para o ganho imerecido possam ser agrupadas dependendo de como as pessoas se dividem em diferentes categorias:

> 1. As pessoas que já dispõem de capital defendem o ganho imerecido; essa classe é complementada por aqueles que confiam em suas próprias habilidades e autodisciplina (parcimônia), de modo que esperam tornar-se donos de capital (provavelmente essas últimas são as classes pró-capitalistas mais veementes; o sistema capitalista motiva-as fortemente).

> 2. As pessoas que não possuem e não esperam jamais contar com grande capital, estas são naturalmente inclinadas a duvidar da validade — justiça e moralidade — do ganho imerecido.

> 3. É possível bifurcar o problema, de modo a satisfazer um número mais abrangente de pessoas; há socialistas que propuseram isso com muito tato. Julgam que deveria haver propriedade pública de capital para produção (terra, fábricas e ferramentas) somente; mas que casas e outros "bens de consumo" podem (e devem) ser objeto de propriedade privada. (Isso é essencialmente um programa socialista-comunista, modificado para levar em conta a psicologia da gente de poucos meios e pouca ambição, que deseja possuir apenas coisas pessoais e casa própria.).

Os livros de Rodbertus e Marx (especialmente desse último) são de leitura monótona e tediosa. Os resumos de suas ideias feitos por Böhm-

Bawerk são de leitura mais agradável do que os originais. Mas não se pode negar que a questão como um todo, historicamente obscura até o fim do século XIX, ainda não é de fácil compreensão.

Para colocar as ideias de Böhm-Bawerk numa perspectiva adequada, valeria a pena fazer uma caracterização geral do pensamento econômico austríaco neoclássico. Böhm-Bawerk recebeu dos editores de *The Annals* da Academia Americana de Ciências Políticas e Sociais o pedido de descrever o pensamento econômico da escola austríaca neoclássica. A tradução inglesa, feita por Henrietta Leonard, daquilo que Böhm-Bawerk escreveu, apareceu no exemplar de janeiro de 1891, sob o título "Os economistas austríacos".[5]

A escola austríaca neoclássica de pensamento econômico era *revolucionária*. Lendo o que se segue, o leitor deveria ter em mente que:

> 1. Böhm-Bawerk e seus companheiros afirmavam haver refutado totalmente as ideias básicas de Adam Smith e David Ricardo. As ideias econômicas de Smith e Ricardo constituíam avanço importante em relação à economia mais antiga, mas ainda tinham defeitos fundamentais.

> 2. Smith e Ricardo estavam completamente errados em sua explicação da determinação do valor e do preço. Alegavam que valor e preço eram determinados pelo *custo*. Os austríacos inverteram isso categoricamente; valores e preços não eram "efeito" dos custos. Valores e preços, determinados pelos consumidores, eram a "causa" que determinava quais os custos toleráveis, e permitiam que o empresário continuasse com seu negócio. Ou os economistas clássicos colocaram "a carroça diante dos bois", ou os austríacos o fizeram. (Marx declarava que só um fator nos custos — o fator *trabalho* — deveria determinar valores e preços.).

O trecho que vai da p. 234 à p. 267 esclarecerá melhor o leitor de *Capital e juro* e, inclusive, desse extrato "A teoria da exploração do socialismo-comunismo".

Uma lista dos subtítulos nesse material descritivo dos economistas austríacos neoclássicos ajudará o leitor antes de começar sua leitura do texto propriamente:

> As mais importantes doutrinas dos economistas clássicos são insustentáveis.

---

[5] Essa tradução é reimpressa da maneira como apareceu em *Shorter Classics of Böhm-Bawerk*, Libertarian Press, 1962, South Holland, Illinois, 60473.

Embora primariamente interessados na teoria, os austríacos foram obrigados a defender seus pontos de vista sobre o método.

Características da teoria austríaca do valor — a utilidade final.

O ponto vital: a utilidade final repousa na substituição dos bens.

Primeira complicação: decorrente do comércio.

Escapando ao "círculo vicioso" da expressão oferta e procura para explicar o preço.

Segunda complicação: decorrente da "produção".

Como o que antecede leva à determinação do valor dos bens que podem ser produzidos sem limitações.

O custo não é regulador do valor: é o valor do produto acabado que determina o valor dos fatores de produção utilizados.

O princípio correto foi reconhecido há muito em casos específicos, mas o princípio geral não foi analisado.

Não se justifica qualquer hesitação: ou o custo regula o valor, ou o valor regula o custo.

O problema da valorização dos bens complementares.

O velho mau hábito de cair num círculo vicioso quando se trata do valor dos bens complementares.

O erro de tentar fugir ao problema geral.

Contribuições austríacas às teorias da distribuição, capital, salários, lucros e rendas.

A até aqui tão negligenciada doutrina dos bens econômicos.

Atenção crescente para os problemas práticos.

Objetivo dos austríacos: renascimento da teoria econômica: caráter desse renascimento.

Dois problemas distintos: relações entre os homens e as coisas: relações dos homens entre si.

Subvalorização, no passado, dos problemas das relações entre os homens e as coisas: o grave defeito da Economia Clássica.

A necessidade de reconstruir a ciência da Economia não justifica o descontentamento: temos de argumentar melhor do que os pioneiros na Economia.

A Escola Historicista alemã não contribuiu efetivamente para solucionar o problema do aperfeiçoamento da Economia.

8
"Os Economistas Austríacos" por Eugen von Böhm-Bawerk

Os editores desta revista pediram-me um relato sobre o trabalho do grupo de economistas popularmente chamado Escola Austríaca. Sendo eu mesmo membro do grupo, possivelmente não serei um relator imparcial. Ainda assim, quero atender ao pedido da melhor maneira possível, e tentarei descrever o que nós, austríacos, estamos fazendo e procurando fazer.

As Mais Importantes Doutrinas dos Economistas Clássicos são Insustentáveis

A esfera de ação dos economistas austríacos é a teoria no sentido mais estrito da palavra. Eles são de opinião de que a parte teórica da Economia Política precisa ser radicalmente transformada. As mais importantes e famosas doutrinas dos economistas clássicos já não são sustentáveis, ou só se sustentariam se houvesse alterações e acréscimos essenciais. Quanto à convicção de que a Economia Política clássica está inadequada, há acordo entre os economistas austríacos e os seguidores da Escola Histórica. Mas quanto à causa final dessa inadequação, há uma diferença fundamental de opinião, diferença essa que levou a uma acirrada disputa sobre métodos.

A Escola Histórica acredita que a fonte última dos erros da Economia Clássica seja o método inadequado que a orientou — método quase inteiramente abstrato - dedutivo, quando a Economia Política deveria ser somente, ou principalmente, indutiva. A fim de executar a necessária reforma da ciência, teremos de mudar o método de investigação; precisamos abandonar a abstração e passar a coletar material empírico, devotando-nos à História e à Estatística.

Embora Primariamente Interessados na Teoria, os Austríacos Foram Obrigados a Defender Seus Pontos de Vista Sobre o Método

Os Austríacos, por sua vez, são de opinião de que os erros dos economistas clássicos foram, por assim dizer, apenas enfermidades infantis da ciência. A Economia Política, mesmo agora, ainda é uma das ciências mais jovens, e o era ainda mais no tempo da Economia Clássica, que, apesar da denominação de "Clássica" — atribuída prematuramente, conforme mostraram os fatos — era apenas uma ciência embrionária e incipiente. Em nenhum outro caso jamais aconteceu que a totalidade de uma ciência fosse desvendada na primeira tentativa, ainda que pelo maior dos gênios; por isso não é de surpreender que a totalidade da Economia Política não fosse desvendada nem mesmo pela Escola Clássica. A maior falha dos estudiosos dessa escola foi a de serem precursores; nossa maior vantagem é termos vindo depois deles. Nós, mais ricos que nossos predecessores, uma vez que nos podemos valer dos frutos de um século de pesquisa, não precisamos trabalhar com métodos diferentes, tivemos apenas de trabalhar melhor que eles. A Escola Histórica está certa ao afirmar que nossas teorias deveriam ser amparadas pela maior quantidade possível de material empírico. Mas está errada quando confere valor exagerado ao trabalho de coleta de dados, ao mesmo tempo em que dispensa inteiramente ou procura minimizar o uso da generalização abstrata. Sem tal generalização, não há ciência.

Numerosos trabalhos dos economistas austríacos são dedicados a essa contenda quanto ao método[6]. Destacam-se, entre eles, os *Untersuchungen über die Methode der Sozialwissenschaften*, de C. Menger, pelo

---

[6] Menger, *Untersuchungen über die Methode der Sozialwissenschaften*, 1883. (O texto alemão original foi republicado em *Collected Works of Carl Menger*, Vol. II, London School of Economics and Political Science, Univ. of London, 1933. Reimpressão nº 18).
Die Irrtümer des Historismus in der deutschen Nationalökonomie, 1884, (Republicado em "Kleinere Schriften zur Methode und Geschichte der Volkswirtschaftslehre", *Collected Works of Carl Menger*, Vol. III, London School of Economics and Political Science, 1953, Reimpressão nº 19).
"Grundzüge einer Klassifikation der Wirtschafstwissenschaften", in *Jahrbuch für Nationalökonomie und Statistik*, N. F., Vol. XIV, 1889 (Republicada em "Kleinere Schriften zur Methode und Geschichte der Volkswirtschaftslehre", *Collected Works of Carl Menger*, Vol. III, London School of Economics and Political Science, 1935. Reimpressão nº 19. Trad. inglesa por Louise Sommer, "Toward a systematic classification of the economic sciences", Cap. I, in *Essays in European Economic Thought*, D. van Nostrand, Nova Jersey, 1960.)
Sax: Das Wesen und die Aufgabe der Nationalökonomie, 1884.
Philippovich: Über Aufgabe und Methode der politischen ökonomie, 1886.
Böhm-Bawerk: "Grundztige der Theorie des wirtschaftlichen Güterwerts", in *Jahrbuch* de Conrad, Vol. XIII, 1886 (pp. 480 ss) (Republ. pela London School of Economics and Political Science, 1932. Reimpressão nº 1) Resenha da *"Klassische Nationalökonomie"* de Brentano, na Götinger *Gelehrten Anzeigen*, 1 – 6, 1889. Resenha da "Litteraturgeschichte'" de Schmoller, no *Jahrbuch* de Conrad, Vol. XX, 1890; trad. nos *Annals* da Academia Americana, Vol. I, nº 2, Outubro de 1890.

tratamento profundo e exaustivo dos problemas envolvidos. Deve-se observar, a esse respeito, que o método "exato" ou, como prefiro dizer, "isolador", recomendado por Menger, juntamente com o método "empírico-realista", não é de modo algum meramente especulativo ou não empírico, mas, ao contrário, busca e sempre encontra seu fundamento na experiência, Contudo, embora a disputa metodológica tenha atraído — talvez mais que qualquer outra coisa — a atenção para os economistas austríacos, prefiro encará-la como um aspecto irrelevante de sua atividade. Para eles, era e é importante a reforma da teoria positiva. Foi unicamente por terem sido perturbados no seu trabalho pacífico e fecundo pelos ataques da escola historicista — como o fazendeiro localizado na fronteira, que segura o arado numa mão e a espada noutra —, que eles foram obrigados, quase contra a vontade, a gastar parte de seu tempo e energia em polemicas, defensivas, bem como na solução dos problemas de método que lhes eram impostos.

Características da Teoria Austríaca do Valor — A Utilidade Final

Quais são, pois, as características específicas que a escola austríaca apresenta no domínio da teoria positiva?

A teoria do valor constitui a base dos seus argumentos, cuja pedra fundamental é a bem conhecida teoria da utilidade final. Essa teoria pode ser condensada em três proposições extremamente simples: (1) O valor de um bem se mede pela importância do desejo cuja satisfação depende da posse desse bem; (2) A determinação de que satisfação é a dependente pode ser feita de modo muito simples e infalível; indagando-se qual o desejo que ficaria insatisfeito no caso de ainda não se possuir o bem cujo valor deve ser determinado; (3) Mais uma vez é evidente que a satisfação dependente não é aquela satisfação em função da qual os bens são realmente usados, mas é a menos importante dentre todas as satisfações que podem ser obtidas pelas posses totais do indivíduo. Por quê? Porque de acordo com considerações prudentes, simples e inquestionavelmente estabelecidas da vida prática, sempre temos o cuidado de desviar para um ponto menos sensível o prejuízo do bem-estar advindo da perda de propriedade. Se perdermos alguma coisa que possuímos que estivesse em função da satisfação de um desejo muito importante, não vamos sacrificar a satisfação desse desejo: simplesmente pegamos outra coisa que possuímos que esteja em função de uma satisfação menos importante, e a colocamos no lugar da que foi perdida. Assim, a perda recai sobre a utilidade menor, ou — uma vez que é natural desistirmos da menos importante de todas as nossas satisfações — sobre a "utilidade final". Suponhamos um camponês com três sacos de cereal: o primeiro, a, destinado ao seu sustento; o segundo, *b*, para ser usado como semente; e o terceiro, *c*, destinado a engordar galinhas. Suponhamos que o saco *a* seja destruído pelo fogo. O camponês vai morrer de fome? Certamente não. Ou deixará seu campo não semeado? Novamente que não. Ele apenas transferirá a perda para o ponto menos sensível. Fará seu pão com o cereal do saco *c*, e consequentemente não engordará galinhas. O que, na verdade, é dependente em relação a se queimar, ou não o saco *a* é apenas o uso da unidade menos importante que pode ser substituída, ou, como dizemos, apenas a utilidade final.

Como se sabe, o princípio fundamental dessa teoria da escola austríaca é partilhado por alguns outros economistas. Gossen, economista alemão, enunciara tal princípio num livro que apareceu em 1854, sem ter naquele tempo despertado o menor interesse[7]. Um pouco mais tarde, o mesmo princípio foi descoberto quase simultaneamente em três países diferentes, por três economistas que se desconheciam mutuamente e que nada sabiam de Gossen: o inglês W. S. Jevons[8], C. Menger, fundador da Escola Austríaca[9], e o suíço Walras[10]. O professor J. B. Clarck, pesquisador americano, também chegou muito perto da mesma ideia[11]. Mas há um ponto em que, acredito, os austríacos superaram seus rivais: o uso que fizeram da ideia fundamental para a subsequente construção da teoria econômica. A ideia da utilidade final é, para os especialistas, o "abre-te-sésamo", através do qual eles deslindam o mais complicado fenômeno da vida econômica e resolvem os mais difíceis problemas da ciência. Nessa arte da explicação parece-me residir a força peculiar e a característica significância da Escola Austríaca.

O Ponto Vital: A Utilidade Final Repousa na Substituição de Bens

Aqui tudo gira em torno de um ponto: basta que nos demos ao trabalho de discernir a validade universal da lei da utilidade final no emaranhado das múltiplas complicações em que ela se vê envolvida, na economia altamente desenvolvida e diversificada das nações modernas. Isso nos custará algum trabalho no começo, mas o esforço será bem recompensado. A seguir, abordaremos ordenadamente todas as questões teóricas importantes; principalmente, devemos abordá-las

---

[7] *Entwicklung der Gesetze des menschichen Verkehrs.*

[8] *Theory of Political Economy, 1871, 2º ed. 1879.*

[9] Grundsätze der *Volkswirtschaftslehre*, 1871. (Trad. ingl.: *Principles of Economics*, The Free Press, Glencoe, Illinois, 1950).

[10] *Eléments d'économie politique pure*, 1874.

[11] "Philosophy of Value", in *New Englander*, julho de 1881. O professor Clark me disse que naquele tempo não estava familiarizado com as obras de Jevons e Menger.

pelo aspecto em que aparece de forma mais natural, pois nessa forma poderemos mais facilmente encontrar soluções. Tentarei explicar isso no que se refere a alguns dos casos mais importantes, pelo menos na medida em que for possível fazê-lo sem entrar em detalhes da teoria.

A lei da utilidade final repousa, devido às sólidas considerações já vistas, numa substituição peculiar de bens. Os bens mais facilmente dispensáveis devem estar sempre prontos para preencherem a lacuna que pode a qualquer momento surgir num ponto mais importante. No caso do nosso camponês com seus sacos de cereal, a causa e consequência da substituição são muito fáceis de entender. Mas, em relações econômicas altamente desenvolvidas, acontecem complicações importantes, pois a substituição de bens se estenderá em várias outras direções, além do suprimento de bens da mesma espécie.

Primeira Complicação: Decorrente do Comércio

A primeira complicação deve-se ao comércio. Se o único casaco de inverno que possuo for roubado, eu certamente não ficarei tremendo de frio e pondo em perigo minha saúde: simplesmente comprarei outro casaco de inverno, com os vinte dólares que de outro modo gastaria em outra coisa. Consequentemente, terei vinte dólares a menos para gastar em outros bens; farei, então, uma redução nos bens que julgo mais dispensáveis, isto é, naqueles cuja utilidade, para mim, é menor, como no exemplo acima. Numa palavra, dispensarei a utilidade final. Portanto, satisfações dependentes do fato de eu perder ou não meu casaco de inverno são satisfações que dispenso mais facilmente, satisfações que eu teria obtido com vinte dólares a mais; e é para essas outras satisfações — que podem ser de natureza bem diferente — que, pelos efeitos da substituição pelo comércio, se transfere a perda, e com ela a utilidade final que dela depende[12].

Escapando ao "Círculo Vicioso" da Expressão Oferta e Procura Para Explicar o Preço

Se seguirmos com cuidado, até o final, essa complexa conceituação, depararemos com um dos mais importantes problemas teóricos, o da relação entre preço de mercado de certos bens e a estimativa subjetiva que vários indivíduos fazem desses bens, segundo seus diversos desejos e inclinações, por um lado, e suas posses e ganhos, por outro. Desejo apenas comentar de passagem que a solução global desse pro-

---

[12] Böhm-Bawerk, *Grundzuge* (pp. 38 e 49) (também, *Positive Theory of Capital*, pp. 151 ss.), Libertarian Press, South Holland. Illinois, 1959); Wieser Der naturliche *Wert*, 1889 (pp. 46 ss.) (trad. ingl.: *Natural Value*, Kelley and Millman, Nova York, 1956).

blema requer grande sutileza de análise; tal análise foi primeiramente realizada pelos economistas austríacos, e passarei a mostrar agora os resultados que eles obtiveram. Segundo suas conclusões, o preço ou "valor objetivo" dos bens é uma espécie de resultante das várias estimativas subjetivas dos bens, estimativas essas que os compradores e vendedores fazem conforme a lei da utilidade final; e, na verdade, o preço coincide bastante aproximadamente com a estimativa do "último comprador". É bem sabido que Jevons e Walras chegaram a uma lei similar de preço. Sua constatação, porém, apresenta deficiências consideráveis. Foram os austríacos os primeiros a tentarem remediá-las. Walras descobriu a maneira correta de escapar ao círculo vicioso no qual se enredava a teoria mais antiga do preço, teoria essa que o considerava uma decorrência da oferta e procura, visto, por um lado, ser inegável que o preço que pode ser pedido no mercado sofre influência da estimativa que o comprador faz dos bens. No entanto, por outro lado, é igualmente inegável que, em muitos casos, a estimativa do comprador sofre influência das condições de mercado (por exemplo, o fato de aquela utilidade final de meu casaco de inverno, se, no mercado, eu o puder substituir por *dez* dólares, ser materialmente menor, do que no caso de ela me custar, vinte dólares). Os teóricos que julgaram necessária uma explicação psicológica mais exata para a lei da oferta e procura em geral[13], habitualmente se deixaram levar a um raciocínio circular. Explicaram mais ou menos abertamente o preço através da estimativa dos indivíduos, e, tautologicamente, explicaram a estimativa dos indivíduos através do preço. Naturalmente, tal solução não serve para fundamentar uma ciência que deseja merecer o nome de ciência. Os economistas austríacos foram os primeiros a tentar chegar ao âmago desse assunto, através da análise sutil a que me referi acima[14].

A Segunda Complicação:
Decorrente da "Produção"

Uma segunda complicação intrigante e difícil na substituição dos bens se liga à *produção:* havendo um tempo suficiente, os bens cuja substituição está sendo considerada poderiam ser substituídos pela produção. Como no caso anterior, em que os bens foram substitu-

---

[13] Como, por exemplo, na Alemanha, a mais alta autoridade em teoria do preço, Hermann; cf. Böhm-Bawerk, *Grundzuge* (pp. 516 e 527).

[14] Literatura austríaca sobre a questão do preço: Menger, *Grundzüge der Volkswirtschafstlehre* (pp. 142 ss.). (Principles, 1950, pp. 164 ss.) Böhm-Bawerk, "Grandzüge der Theory des wirtschaflichen Güterwerts", parte II, no *Jahrbuch* de Conrad, Vol. XII (pp. 477 ss.) e no ponto abordado no texto especialmente (p. 516); Wieser, *Der naturliche Wert* (pp. 37 ss.) (*Natural Value*, 1956); Sax, *Grundlegung der theoretischen Staatswirtschaft*, 1887 (pp. 276 ss.); Zucherhandl, *Zur Theorie des Preises*, 1889. Não quero perder a oportunidade de me referir ao excelente relatório feito pelo Doutor James Bonar, há alguns anos, sobre os economistas austríacos e sua visão do valor, no *Quarterly Journal of Economics*, out. 1888.

ídos pelo dinheiro, neste caso podem ser substituídos diretamente pela conversão de materiais de produção. Mas, como naturalmente haverá menor quantidade desses materiais de produção para outros objetivos, da mesma forma que antes, uma inevitável diminuição de produção atingirá aquela classe de bens mais facilmente dispensáveis, considerados de menor valor.

Tomemos o exemplo de Wieser[15]. Se uma nação considera necessárias armas para defender sua honra ou sua existência, há de produzi-las com o mesmo ferro que, de outro modo, seria usado para outros utensílios, também necessários, mas mais dispensáveis. Por isso, o que acontece com as pessoas em decorrência da necessidade de terem armas é que elas terão menor quantidade daqueles utensílios mais dispensáveis, que poderiam ter sido feitos com aquele feno. Em outras palavras, a perda recai sobre a utilidade menor, ou a utilidade final, que teria sido feita com os materiais de produção necessários à manufatura das armas.

Como o que Antecede Leva à Determinação do Valor de Bens que Podem ser Produzidos sem Limitações

Nesse ponto, o caminho leva mais uma vez a um dos mais importantes princípios teóricos, de certa forma familiar há muito tempo. É o princípio de que o valor daqueles bens que podem ser reproduzidos à vontade, sem limitações, mostra uma tendência a coincidir com o custo da produção. Esse princípio emerge como um caso especial da lei de utilidade final, e ocorre sob certas condições muito precisas. O "custo de produção" nada mais é que a soma de todos os materiais de produção através dos quais os bens ou seus substitutos podem ser reproduzidos. Conforme indicamos acima, o valor dos bens é determinado pela utilidade final de seus substitutos; consequentemente, na medida em que a substituição possa ser feita à vontade, o valor do produto tende a coincidir com a utilidade final e com o valor dos materiais de produção, ou, como se diz habitualmente, com os custos de produção.

O "Custo" Não é o Regulador do Valor: É o Valor do Produto Acabado que Determina o Valor dos Fatores de Produção Utilizados

Quanto à causa final dessa coincidência, os austríacos têm uma teoria bastante diferente. A teoria anterior explicava a relação entre custo

---
[15] *Der natürliche Wert* (p. 170) Natural Value, 1956.

e valor em termos de causa e efeito, como se o custo fosse, na verdade a causa final, enquanto o valor do produto seria o seu efeito. Essa teoria pressupunha que o problema científico da explicação do valor dos bens seria satisfatoriamente resolvido se se apelasse para o custo como "regulador último de valor". Os austríacos, pelo contrário, acreditam que isso constitui apenas metade da explicação, aliás, a metade mais simples. O custo é idêntico ao valor dos materiais de produção necessários à manufatura dos bens. O custo sobe quando e porque os materiais de produção (combustível, máquinas, aluguel, trabalho) sobem; e cai quando e porque cai o valor desses materiais. Assim, é evidente que o valor dos materiais de produção tem de ser explicado primeiro. E o interessante é que, quando a explicação é feita cuidadosamente, nós vemos que o valor do produto acabado é que é a causa. Pois, sem dúvida, só fazemos uma estimativa alta dos materiais de produção quando e porque são capazes de fornecer produtos de valor. A relação de causa *e* efeito é, pois, exatamente o reverso do que afirmava a teoria antiga. Esta explicava o valor do produto como efeito, e o custo — isto é, o valor dos materiais de produção — como causa. E não considerava necessária qualquer outra explicação. Os economistas austríacos afirmam que: (1) primeiramente o valor dos materiais de produção precisa ser explicado e (2) depois dessa explicação, e depois de se deslindar uma trama de relações complexas, o valor dos materiais de produção será visto, afinal, como efeito, e o valor do produto como causa.

O Princípio Correto foi Reconhecido há Muito em Casos Específicos, mas o Princípio Geral não foi Analisado

Sei muito bem que esta tese parecerá estranha, à primeira vista, a muitos leitores. Não posso aqui tentar demonstrá-la ou mesmo resguardá-la de certas interpretações errôneas às quais está exposta. Chamarei a atenção apenas para uma circunstância. No caso dos materiais de produção, cuja relação causal verdadeira era fácil de perceber por determinadas razões, a teoria antiga reconhecia o princípio correto. Assim, por exemplo, quanto ao valor do uso da terra expresso em aluguel, Adam Smith observou que o preço dos produtos do solo é alto ou baixo não porque o aluguel seja alto ou baixo; ao contrário, o aluguel é que é alto ou baixo conforme o preço do produto. Fez ainda outra observação: ninguém supõe que o cobre seja caro porque o valor de estoque de matéria-prima nas minas esteja alto. Obviamente, o valor das minas e da matéria-prima só é alto quando e porque o cobre é caro. Assim como a água de um rio não pode correr morro acima se a água do rio que lhe é paralelo corre morro abaixo, também no caso de diferentes espécies de materiais de produção as relações causais não poderiam fluir em direções opostas. A lei é uma e a mesma para todos os materiais de produção. A diferença está apenas em que, com certos materiais, a verdadeira relação de causa e efeito é muito fácil de se perceber, enquanto com outros, devido a várias complicações, é mais difícil de se observar. O estabelecimento da lei, nos casos em que aparências enganadoras haviam levado à explicação oposta, é uma das contribuições mais importantes da Escola Austríaca.

Talvez esta seja até a mais importante de todas as suas contribuições. Qualquer economista político conhece o importante papel que o custo de produção desempenha na teoria da Economia Política - tanto na teoria da produção como nas de distribuição, salários, renda, aluguel, ganho de capital, comércio internacional etc. Pode-se afirmar com segurança que não há fenômeno importante na vida econômica para cuja explicação não sejamos levados, direta ou indiretamente, a apelar para o custo de produção. E nesse ponto surge uma questão que, uma vez lançada, não pode mais ser ignorada. Qual o lugar desse custo, tão mencionado, no sistema de fenômenos e de sua explicação? Desempenharia por acaso o papel de centro em torno do qual, como eixo absoluto e fixo, giram todos os outros fenômenos do valor? Ou o custo — o valor dos materiais de produção — será, apesar de todas as aparências em contrário, a parte variável, determinada pelo valor do produto?

Não Se Justifica Qualquer Hesitação: Ou o Custo Regula o Valor, ou o Valor Regula o Custo

Essa questão é tão fundamental para a Economia Política quanto a questão entre os sistemas de Ptolomeu e de Copérnico para a Astronomia. O sol e a terra giram, toda criança sabe, mas ninguém pode ser astrônomo hoje em dia sem saber se é a terra que gira em torno do sol, ou o sol em torno da terra. Entre o valor de um produto e o valor dos materiais de produção existe uma relação não menos óbvia e indubitável. E quem quer que deseje entender essa relação e os incontáveis fenômenos que dela dependem tem de saber se o valor dos materiais de produção deriva do valor do produto, ou se ocorre o inverso. Desde o primeiro momento em que essa alternativa é focalizada numa discussão, todos os que pretendem ser economistas devem ter uma opinião bem definida sobre isso. Uma hesitação eclética, como a que tem ocorrido geralmente até agora, não será mais possível. Num sistema científico não podemos ter, alternadamente, ora a terra girando ao redor do sol, ora o sol girando ao redor da terra. Portanto, a pessoa que atualmente quiser defender a ideia de que o custo da produção é "o regulador último de valor" pode continuar a fazê-lo; mas não achará sua tarefa tão fácil quanto era antes. Devemos, para fazer justiça, esperar que essa pessoa tente explicar a fundo, sem falhas ou contradições, de acordo com este princípio, o fenômeno do valor, especialmente o valor dos materiais de produção. Se ela levar sua tarefa a sério, provavelmente terá dificuldades. Se não as encontrar por si, deverá pelo menos levar em conta as dificuldades que outros encontraram quando andavam pelo mesmo caminho, e que, finalmente, os levaram a tentar explicar o fenômeno do valor segundo o princípio oposto. De qualquer forma, essa parte da Economia Política será, no futuro, tratada com muito mais cuidado e profundidade científica do que o foi até agora, a não ser que nossa ciência queira merecer a acusação, tão frequente em outros tempos, e não menos frequente hoje em dia: a de ser um mero balbuciar sobre questões econômicas, e não uma ciência verdadeira e séria[16].

O Problema da Valorização dos Bens Complementares

A questão da relação entre custo e valor é, na verdade, apenas a formulação concreta de uma questão muito mais geral — a das relações regulares de valores, entre si, como os que, em interdependência causal, contribuem com a mesma utilidade para o nosso bem-estar. Aparentemente, a utilidade de toda a gama de materiais com que se produz um casaco é idêntica à utilidade do casaco pronto. Assim, é óbvio que aqueles bens ou grupos de bens, cuja importância para nosso bem-estar deriva de uma mesma utilidade, precisam manter uma relação fixa e regular com outra utilidade, no que diz respeito ao valor de ambos. O problema dessa relação regular foi colocado de forma clara e abrangente pela primeira vez pelos economistas austríacos. Ele só fora tratado antes, de maneira muito precária, sob o título "custo de produção". Há, porém, um corolário dessa proposição geral e importante, não menos importante nem menos interessante, que, no entanto jamais recebeu sequer aquele mínimo grau de atenção que a teoria econômica dedicou ao problema do custo. É comum que vários bens se combinem simultaneamente para a produção de uma utilidade comum. Por exemplo, papel, caneta, tinta, juntos servem para escrever; agulha e linha, para costurar; ferramentas, sementes, solo e trabalho, para produzir cereais. Menger chamou de "bens complementares" os bens que mantêm essa relação entre si. Aqui surge uma questão, tão natural quanto complicada. Que grau de utilidade comum deve ser atribuído, nesses casos, a cada um dos fatores complementares que colaboram? E que lei determina o valor e o preço proporcionais de cada um?

---

[16] Literatura austríaca sobre a relação custo e valor: Menger, *Grundsätze* (pp. 123 ss.), Principles, 1950 - pp. 149 ss.; Wieser, *Uber den Ursprung und die Hauptgesetze des wirtschaftlichen Wertes*, 1884 (pp. 139 ss.); *Der natürliche Wert* (pp. 164 ss.), Natural Value, 1956; Böhm-Bawerk, *Grundzüge* (pp. 61 ss. -pp. 534 ss.) *Positive Theorie des Kapitals*, 1889 (pp. 189 ss. - pp. 234 ss.). Positive Theory, 1959 -pp. 121-256.

Essa questão tem palmilhado caminhos singulares. A teoria antiga não a via como problema geral, embora tenha sido obrigada a resolver uma série de casos concretos que dependiam *implicitamente* dela. Especialmente a questão da distribuição de bens motivou tais decisões. Uma vez que vários fatores de produção — solo, capital, trabalho alugado e trabalho do empresário — colaboravam na produção de um bem comum, obviamente a parcela de valor a ser atribuída a cada um desses fatores, na forma de remuneração, é um caso especial dentro do problema geral.

O Velho Mau Hábito de Cair Num Círculo Vicioso Quando se Trata do Valor dos Bens Complementares

Vejamos como se decidiram os casos concretos. Cada um foi resolvido independentemente, sem levar em conta os outros, e assim eventualmente acabaram formando um círculo completo. O processo dava-se da seguinte forma: se era preciso explicar o aluguel de terras, decidia-se que era ao solo que pertencia o remanescente do produto depois de serem pagos os custos da produção, termo em que se incluía a remuneração de todos os outros fatores — capital, trabalho e lucro do empresário. Considerava-se fixa e conhecida a função de todos os demais fatores, e o solo era taxado como um remanescente que variava segundo a quantidade do produto. Se, então, fosse necessário, em outro momento, determinar os lucros do empresário, decidia-se que ele receberia o superávit que restasse depois de serem remunerados todos os outros fatores. Nesse caso, a parcela do solo e o aluguel eram computados — assim como o trabalho, o capital etc. — como coisa fixa, e o lucro do empresário era tratado como variante, subindo ou descendo conforme a quantidade do produto. Da mesma maneira se tratava, num terceiro capítulo, da parcela do capital. O capitalista, diz Ricardo, recebe o que sobra do produto depois do pagamento dos salários. Como que para satirizar todos esses dogmas clássicos, o Senhor F. A. Walker completou o círculo, afirmando que o trabalhador recebe as sobras de todos os demais fatores.

O Erro de Tentar Fugir ao Problema Geral

É fácil ver não só que essas afirmativas correm em círculo, mas também por que isso acontece. Os argumentadores simplesmente negligenciaram ao colocar o problema de uma forma geral. Tinham várias quantidades desconhecidas a determinar, e, em vez de pegarem o touro pelos chifres e procurarem diretamente o princípio geral, segundo o qual um resultado econômico comum deveria ser dividido entre seus fatores componentes, tentaram evitar a questão fundamental — aquela do princípio geral. Parcelaram a investigação, e nessa investigação parcial permitiram-se, a cada vez, tratar como desconhecida somente aquela, dentre as quantidades desconhecidas, que constituía objeto especial das investigações, abordando as outras, naquele momento, como se fossem conhecidas. Assim fecham os olhos ao fato de que, poucas páginas antes ou depois, a operação surge invertida, e, a suposta quantidade conhecida é tratada como desconhecida, enquanto a desconhecida aparece como conhecida.

Depois da Escola Clássica veio a Escola Historicista. Como acontece frequentemente, seus seguidores assumiram uma atitude de superioridade cética, declarando insolúvel o problema que eram incapazes de resolver. Pensaram que era impossível dizer, por exemplo, qual seria a porcentagem de valor de uma estátua que seria devida ao escultor, e qual seria devida ao mármore.

Se o problema for corretamente colocado, isto é, se quisermos separar as parcelas econômicas e não as físicas, tudo pode ser resolvido. Na verdade, esse problema é resolvido em todos os empreendimentos racionais, por qualquer agricultor ou fabricante. E tudo o que a teoria tem a fazer é observar com cuidado e correção as coisas práticas, para descobrir as soluções teóricas. A teoria da utilidade final auxilia de maneira bem simples nesse caminho. É a velha história: basta observar acertadamente qual a utilidade final de cada fator complementar, ou qual a utilidade que a presença ou ausência de um fator complementar acrescentaria, ou subtrairia; caso se faça, com tranquilidade, uma boa pesquisa, será possível resolver um problema supostamente insolúvel.

Foi dos austríacos a primeira tentativa séria nesse campo. Menger, juntamente com o autor destas linhas, abordaram a questão sob o título *Theorie der komplementären Güter* (Teoria dos bens complementares). Wieser tratou do mesmo assunto sob o título *Theorie der Zurechnung* (Teoria da contribuição). Especialmente este último autor revelou de forma admirável o modo adequado de se abordar o problema, mostrando que ele *tem* solução. Segundo me parece, coube a Menger a melhor maneira de demonstrar qual o *método* para se chegar a essa solução[17].

Chamei a lei dos bens complementares de contraparte da lei do custo. Da mesma forma que a primeira faz uma separação entre as relações de

---

[17] Menger, *Grundsätze* (pp. 138 ss.), *Principles*, 1950 - p. 162 ss; Böhm-Bawerk, *Grundzüge*, Parte I (pp. 56 ss.); *Positive Theorie* (pp. 178 ss.); *Positive Theory*, 1959 — (pp. 161-168); Wieser, *Der natürliche Wert* (pp. 67 ss.) (Natural Value, 1956).

valor resultantes da *justaposição* temporal e causal e da cooperação simultânea de vários fatores para chegar a uma utilidade comum, assim também a lei do custo separa as relações de valor resultantes da *sequência* temporal e causal, da interdependência causal de fatores sucessivos. "Através daquela, as malhas da intrincada rede das relações mútuas de valor dos fatores cooperantes são separadas, por assim dizer, em comprimento e largura; através desta, essas malhas se superam na sua profundidade; mas os dois processos ocorrem dentro da abrangente lei da utilidade final, da qual as duas leis são apenas aplicações especiais a problemas específicos."[18].

Contribuições Austríacas às Teorias de Distribuição, Capital, Salários, Lucros e Aluguel

Assim preparados, os austríacos finalmente se dedicaram aos problemas da distribuição, resolvendo-os numa série de aplicações específicas das leis teóricas gerais, cujo conhecimento fora obtido através de um trabalho preparatório monótono mas fecundo. Terra, trabalho e capital são fatores complementares de produção. Seu preço, ou — o que dá no mesmo — a porcentagem de aluguel, salário e juro, resulta simplesmente de uma combinação entre as leis que governam o valor dos materiais de produção, por um lado, e as leis dos bens complementares, por outro. Os pontos de vista particulares dos austríacos sobre esses assuntos serão omitidos aqui. Mesmo que os mencionasse, eu não poderia fazer neste trabalho nenhuma afirmação adequada sobre as conclusões deles — muito menos sua demonstração. Por isso, devo contentar-me em dar uma rápida visão dos temas com os quais eles se ocupam e, quando for possível, do espírito com que trabalham. Apenas observarei, de passagem, que eles elaboraram uma nova e abrangente teoria do capital[19], para a qual criaram uma nova teoria de salários[20], além de abordarem reiteradas vezes os problemas dos lucros do empresário[21] e da renda[22]. À luz da teoria da utilidade final, especialmente esse último problema encontra solução simples e fácil, que confirma a teoria de Ricardo em seus resultados reais, e em muitos detalhes confirma o seu argumento.

---

[18] Böhm-Bawerk, *Positive Theorie* (p. 201) (*Positive Theory*, 1959 — pp. 121-256, especialmente pp. 151-156, 161-168, 177, 248-256).

[19] Böhm-Bawerk, *Kapital und Kapitalzins*: I. *Geschichte und Kritik der Kapitalzinstheorien*, 1884; II, *Positive Theorie des Kapitals*, 1889 (*Capital and interest;* 1959, Libertarian Press, South Holland, Illinois: I. *History and Critique of Interest Theories;* II. *Positive Theory of Capital;* III, *Further Essays on Capital and Interest);* diferindo do antigo ensinamento dos *Grundsätze* de Menger (pp. 143 ss.) (*Principles*, 1950 — pp. 165 ss).

[20] Böhm-Bawerk, *Positive Theorie* (passim and pp. 450-452) (*Positive Theorv*, 1959 — pp. 308-312).

[21] Mataja, *Der Unternehmergewinn*, 1884; Gross, *Die Lehre vom Unternehmergewinn*, 1884.

[22] Menger, *Grundsätze* (pp. 133 ss.) (Principles, 1950 — pp. 157 ss.); Wieser, *Der natürliche Wert* (p. 112 ss.) (Natural Value; 1956); Böhm-Bawerk, Positive *Theorie* (pp. 380 ss.) (Positive *Theory, pp.* 334-337).

Naturalmente, nem todas as aplicações possíveis da lei da utilidade final foram executadas. É mais verdadeiro dizer-se que isso foi apenas iniciado. Posso mencionar, de passagem, que alguns economistas austríacos tentaram uma aplicação mais ampla da lei no campo das finanças[23], e outros propuseram sua aplicação a certas difíceis e interessantes questões de jurisprudência[24].

A ATÉ AQUI TÃO NEGLIGENCIADA DOUTRINA DOS BENS ECONÔMICOS

Finalmente, em relação aos esforços precedentes, muito se fez para melhorar as ferramentas que a ciência tem de utilizar a fim de esclarecer as concepções fundamentais mais importantes. E, como acontece frequentemente, os economistas austríacos encontram muita coisa para ser melhorada e corrigida nessa área que até aqui pareceu tão plana e simples que a literatura de várias nações — a inglesa, por exemplo — quase nada encontrou a dizer sobre ela. Refiro-me à doutrina dos bens econômicos. Menger colocou nas mãos da ciência, com sua concepção da subordinação dos bens *(Güterordnungen)*[25], uma ferramenta lógica, tão simples quanto sugestiva, útil em qualquer investigação futura. O autor deste trabalho empenhou-se particularmente em analisar uma concepção que parece ser a mais simples de todas, mas que na verdade é complicada e muito mal aplicada: a do uso dos bens *(Gebrauch der Güter)*[26].

ATENÇÃO CRESCENTE PARA OS PROBLEMAS PRÁTICOS

As questões de Economia Política prática apenas começam a se tornar objetos de trabalho literário com os economistas austríacos[27]. Isso não significa, porém, que eles não tenham sensibilidade para as necessidades práticas da vida econômica, e, menos ainda, que não desejem ligar sua teoria abstrata com a prática. É exatamente o contrário. Ocorre que temos de construir a casa antes de a podermos arrumar, e, enquanto tivermos as mãos ocupadas com a estruturação da nossa teoria, haverá menor obrigação de dedicar às inúmeras questões práticas o grau de absorvente cuidado que seria necessário para sua elaboração literária. Temos nossas opiniões sobre elas, ensinamo-las

---

[23] Robert Meyer, *Die Principien der gerechten Besteuerung*. 1884; Sax, *Grundlegung*, 1887; Wieser, *Der natürliche Wert* (pp. 209 ss.) (Natural Value, 1956).

[24] Mataja, *Das Recht des Schadenersatzes*, 1888; Seidler, "Die Geldstrafe vom volkswirtschaftlichen un sozialpolitischen Gesichtspunkt" no *Jahrbuch* de Conrad, Vol. XX, 1890.

[25] Menger, Grundsätze (pp. 8 ss.) (Principles, 1950— pp. 55ss.).

[26] Böhm-Bawerk, *Rechte und Verhaltnisse vom Standspunkt der volkswirtschaftlichen Güterlehre*, 1881 (pp. 57 ss.) (Trad. ingl.: *Whether Legal Rights and Relationships are Economic Goods*, p. 70); *Positive Theorie* (pp. 361 ss.) *(Positive Theory*, 1959, p. 325 ss.).

[27] Por Sax, por exemplo, *Die Verkehrsmittel in Volks und Staatswirtschaft*, 1878-79; Phillipovich, *Die Bank von England*, 1885; *Der badische Staatshaushalt*, 1889.

em nossas cátedras, mas nossas atividades literárias até aqui limitaram-se quase exclusivamente a problemas teóricos, não apenas por eles serem fundamentais, mas porque a sua prolongada negligência por parte da Escola Historicista tem de ser agora compensada.

Objetivo dos Austríacos; Renascimento da Teoria Econômica; Caráter Desse Renascimento

Qual é, então, em síntese, o significado dessa longa história? Qual o significado, para a ciência como um todo, desse grupo de homens que ensinam isso e aquilo a respeito de bens, valor, custo, capital e uma dezena de outros assuntos? Tudo isso tem algum significado? Sinto-me embaraçado ao responder a esta pergunta, por fazer parte do grupo de homens cuja atividade está sendo discutida. Devo-me limitar à constatação daquilo que os economistas austríacos estão tentando realizar como grupo; outros poderão julgar se eles estão ou não sendo bem sucedidos.

O que os austríacos estão propugnando é uma espécie de *renascimento* da teoria econômica. A velha teoria clássica, admirável que foi a seu tempo, tinha o caráter de uma coleção de aquisições fragmentárias, que não apresentavam relações ordenadas, nem entre si, nem com os princípios fundamentais da ciência humana. Nosso conhecimento é, quando muito, uma colcha de retalhos, e terá de continuar assim. Mas essa característica da teoria clássica era irrefutavelmente verdadeira. Com uma intuição genial ela descobriria uma massa de regularidades no redemoinho dos fenômenos econômicos, e com não menor genialidade, embora enredada nas dificuldades de todo começo, iniciou a interpretação dessas regularidades. Quase sempre obteve sucesso, quando seguia o fio das explicações a uma distância maior ou menor da superfície, em direção ao fundo. Mas, depois de uma certa profundidade, sempre acabava perdendo a pista. Os economistas clássicos, na verdade, sabiam até que ponto deviam levar todas as suas explicações: até o ponto do interesse da humanidade pelo seu próprio bem-estar; interesse que, quando não desviado por razões altruístas, é a força motriz de toda a ação econômica. Mas, graças a uma certa circunstância, o meio-termo da explanação — através do qual o verdadeiro comportamento dos homens no estabelecimento de preços de bens, salários, aluguel etc. devia ter-se unido ao motivo fundamental da utilidade — estava sempre errado. A circunstância a que me referi é a seguinte: um Robinson Crusoé lida unicamente com bens; enquanto nós, na vida moderna, lidamos com bens e com seres humanos dos quais obtemos os bens que usamos, através de troca, cooperação etc. A economia de um Crusoé explica-se quando conseguimos mostrar a relação entre, de um lado, o nosso bem-estar e os produtos materiais, e, de outro, a postura que o cuidado pelo nosso bem-estar nos faz assumir frente a esses bens materiais. Aparentemente, para explicar a ordem econômica moderna há necessidade de dois processos:

1) Como na economia de Crusoé, precisamos entender a relação entre nossos interesses e os bens exteriores.

2) Precisamos tentar entender as leis segundo as quais perseguimos nossos interesses quando eles estão enredados com os interesses de outros.

Dois Problemas Distintos: Relações Entre os Homens e as Coisas; Relações dos Homens Entre Si

Ninguém jamais se iludiu — nem mesmo os economistas clássicos — pensando que esse segundo processo não fosse difícil ou complicado. Mas, por outro lado, esses economistas infalivelmente subestimaram as dificuldades do primeiro processo. Acreditaram que na relação entre os homens e os bens externos não havia nada a ser explicado, ou, para sermos mais exatos, não havia nada determinado. Os homens precisam de bens para suprir seus desejos; os homens os desejam e atribuem a esses bens um valor de uso segundo sua utilidade. Era isso que todos os economistas clássicos sabiam ou ensinavam quanto à relação entre os homens e os bens. Enquanto o valor no comércio era discutido e explicado em extensos capítulos, desde os tempos de Adam Smith aos do Senhor Macvane, o valor no uso era comumente resolvido em duas linhas, muitas vezes com a simples constatação de que o valor de uso nada tinha a ver com o valor comercial.

Subvalorização, no Passado, dos Problemas das Relações Entre os Homens e as Coisas: O Grave Defeito da Economia Clássica

Contudo, a relação dos homens com os bens de modo algum é simples ou uniforme. A teoria moderna da utilidade final, em sua aplicação ao custo da produção, dos bens complementares etc., mostra que a relação entre nosso bem-estar e os bens é passível de incontáveis gradações, todas elas exercendo influência sobre nossos esforços para obtermos bens no comércio com outras pessoas. Aqui se abre a grande e fatal lacuna da teoria clássica: ela tenta mostrar como perseguimos nossos interesses em relação aos bens em oposição a outros homens, sem entender a fundo o interesse em si mesmo, o que torna incoerentes suas tentativas de explicação do fato. Os dois processos de explicação precisam adaptar-se um ao outro como as duas rodas dentadas de uma engrenagem. No entanto, como os economistas clássicos não tinham ideia de como deveriam ser a forma e os dentes da primeira roda, naturalmente não podiam dar à segunda roda uma constituição adequada. Assim, a despeito de certa profundidade, todas as suas explicações degeneravam em alguns lugares-comuns e revelaram-se falsas em sua generalização.

É desse ponto que a teoria do renascimento precisa começar. Graças aos esforços não só de Jevons e seus seguidores, como também dos membros da Escola Austríaca, já se começou a pensar assim. Naquela parte mais geral e elementar da teoria econômica, através da qual eventualmente tem de passar toda a explicação econômica mais complicada, precisamos renunciar às posturas diletantes e fazer uma investigação realmente científica. Não devemos fugir ao estudo do microcosmo se desejamos entender corretamente o macrocosmo de uma ordem econômica desenvolvida. É esse o ponto crítico a que se chega de vez em quando em todas as ciências. Começamos pelo universal, percebendo os fenômenos maiores e mais extraordinários, sem observar o universo dos pequenos fenômenos cotidianos. Mas sempre chega um momento em que descobrimos, atônitos, que as complexidades e enigmas do macrocosmo ocorrem de modo ainda mais singular nos elementos menores, aparentemente mais simples — e então percebemos que precisamos procurar a chave da compreensão das coisas grandes no estudo das coisas pequenas. Os físicos, que começaram com os movimentos e leis dos grandes corpos celestes, hoje não estudam nada com mais diligência do que a molécula e o átomo. E é da minúcia da Química que devemos esperar as mais importantes descobertas para a eventual compreensão do todo. No mundo orgânico, eram os organismos mais altamente desenvolvidos e poderosos que outrora despertavam um interesse maior. Hoje, este interesse se volta para os micro-organismos mais simples. Estudamos a estrutura das células e a das amebas, e procuramos bacilos por toda parte. Estou convencido de que não será diferente na teoria econômica. O significado da teoria da utilidade final não está no fato de ser uma teoria de valor mais correta do que uma dúzia de teorias mais antigas, mas no fato de que marca, para a ciência dos fenômenos econômicos, a aproximação daquela crise característica. Mostra, de uma vez por todas, que num fenômeno aparentemente simples — a relação do homem com os bens exteriores — há espaço para intermináveis complicações; mostra também que, subjacentes a essas complicações, encontram-se leis fixas, cuja descoberta exige do pesquisador o máximo de sagacidade. É na descoberta dessas leis que se deve realizar a maior parte da investigação do comportamento dos homens em sua relação econômica com outros homens. A vela acesa dentro de casa espalha sua claridade lá fora.

A Necessidade de Reconstruir a Ciência da Economia Não Justifica o Descontentamento; Temos de Construir Melhor do Quê os Pioneiros da Economia

Naturalmente, pode ser uma surpresa nada agradável para muitos que se intitulam economistas políticos descobrir que o campo que até agora araram com a ferramenta intelectual tem, anexo, outro campo, nada pequeno, e de cultivo particularmente trabalhoso. Até agora foi muito conveniente explicar os fenômenos de preços que têm como base a lei de "oferta e procura" ou o lema do "custo". De repente, esses supostos pilares tremem, e somos forçados a colocar os alicerces muito mais fundo, à custa de grande e monótono trabalho.

Por mais inconveniente que seja, não há outro caminho senão fazermos o trabalho que as gerações passadas negligenciaram. Os economistas clássicos podem ser desculpados por essa negligência. No seu tempo, quando tudo ainda era novo e não descoberto, a investigação *per saltum*, a exploração científica por assim dizer, podia trazer bons resultados. Mas agora é diferente. Em primeiro lugar, nós, dos tempos recentes, como não temos o mérito de sermos pioneiros na ciência, não deveríamos reivindicar privilégios de pioneiros; as exigências se tomaram maiores. Se não desejarmos ficar atrasados em relação às outras ciências, temos de trazer também para dentro da nossa uma ordem estrita e a disciplina que estamos longe de possuir. Não nos iludamos em uma vã autocomplacência. Erros e omissões são naturalmente coisas que se devem esperar a qualquer hora em qualquer ciência. Mas em nossos "sistemas" ainda pululam lugares-comuns, erros banais, cuja frequência é claro sinal do estado primitivo de uma ciência. Nossas exposições viram fumaça antes de tocar em coisas essenciais; evaporam-se em frases vazias assim que começam a se tornar difíceis; os problemas mais importantes ainda não foram sequer detectados; raciocinamos no mais absoluto círculo vicioso, não só dentro do mesmo sistema: até num mesmo capítulo mantemos teorias contraditórias sobre um mesmo assunto; devido ao uso de uma terminologia ambígua e desordenada, somos levados aos mais palpáveis erros e confusões — e todos esses erros são tão frequentes em nossa ciência que quase parecem caracterizá-la. Posso entender que os representantes de outras ciências, habituados a uma severa disciplina, encarem com certo desdém e piedade muitos trabalhos famosos sobre Economia, e neguem a essa última caráter de verdadeira ciência.

A Escola Historicista Alemã não Contribuiu Efetivamente Para Solucionar o Problema do Aperfeiçoamento da Economia

Esse estado de coisas tem de mudar. A Escola Historicista, que deu o tom em toda a Alemanha nos últimos quarenta anos, infelizmente nada fez de positivo até aqui. Ao contrário, em seu terror cego ao raciocínio "abstrato", armada de um ceticismo barato, de acordo com o qual, em quase todos os pontos importantes declara que os problemas apresentados são "insolúveis", e que as lutas para descobrir leis científicas são vãs, essa escola fez o que podia para desencorajar os parcos esforços aplicados em se obter sucesso. Não ignoro que em outro terreno, o empírico, eles deram sua contribuição à ciência, trazendo-lhes grandes benefícios; mas o futuro mostrará com imparcialidade que, se eles tiveram uma atuação positiva nesse particular, prejudicaram a ciência em outros aspectos, com esse seu zelo tão unilateral.

A Escola Austríaca tenta analisar hoje em dia tudo aquilo que as duas outras escolas, a Clássica e a Historicista, negligenciaram. Ela não está sozinha nessa luta. Na Inglaterra, desde os dias de Jevons, iniciativas congêneres foram levadas adiante pelos colaboradores e discípulos dos maiores pensadores. Instigados em parte por Jevons e em parte pela Escola Austríaca, significativo número de pesquisadores de todas as nações voltaram-se recentemente para as novas ideias. A literatura holandesa séria é quase totalmente dedicada a essas ideias. Elas já foram introduzidas na França, Dinamarca e Suécia. Na literatura italiana e americana são divulgadas quase diariamente, e até na Alemanha, baluarte da Escola Historicista — contra a qual é preciso lutar palmo a palmo — a nova tendência assumiu uma posição forte e influente.

É possível que uma tendência com tamanho poder de sedução seja constituída apenas de erros? Na verdade, não brotaria ela de uma necessidade de nossa ciência no sentido de suprir uma carência que há muito vem sendo reprimida por métodos unilaterais, mas que precisa se fazer sentir — a necessidade de uma real profundidade científica?

9
Como Böhm-Bawerk Delimitou o Campo da Ética

A Ética e a Economia são ciências próximas; veja-se o que Böhm-Bawerk escreveu e está citado nas pp. 260-263 acima. É fundamental entender que a ciência da Economia (num sentido amplo, as relações dos homens com as coisas) *antecede* à Ética (relações dos homens com os homens), pela razão decisiva de que é das reivindicações dos homens por bens e serviços que nascem inveja, ciúme, violência, adultério, roubo e fraude, que aviltam a sociedade e constituem o objeto da Ética.

Em sua exposição, Böhm-Bawerk escreveu:

> Para explicar a ordem econômica moderna parece haver necessidade de dois processos: assim como temos de entender, na isolada economia de Crusoé, o mecanismo do nosso interesse por bens exteriores (ou seja, Economia), também precisamos tentar compreender as leis segundo as quais perseguimos nossos interesses quando eles se misturam aos interesses de outros (ou seja, Ética).

Adam Smith, na Universidade de Glasgow, era originariamente professor de Filosofia Moral. Desse campo *ético* passou aos problemas do relacionamento dos homens com as coisas, isto é, à *Economia*. Smith sempre supôs uma sociedade econômica que operaria com uma estrutura ética subjacente — sem violência, sem roubo, sem fraude, sem inveja — que envolvesse a estabilidade da família. Outros grandes economistas pensaram em termos equivalentes; nenhum deles supôs uma sociedade violenta e coercitiva, ou a alienação dos bens de um homem por outro através de fraude ou roubo.

Contudo, com a reformulação do assunto efetuado por Rodbertus, Marx etc., o *ganho imerecido* tornou-se fonte de virulenta inveja, coerção, taxação punitiva e violência, por governos socialistas comunistas etc.

Böhm-Bawerk não procurava nem anular ou enfraquecer as leis éticas, nem alargar sua abrangência. Mas reduziu o campo da Ética, ao mostrar que o ganho imerecido, em princípio, não era manifestação de algo certo ou errado. O fenômeno do ganho imerecido repousa sobre a mortalidade humana, e é parte do cálculo de todo mundo, quer dizer, uma valorização do futuro, que é menos cotado do que o presente; por isso é que, para se ter um valor subjetivo unitário *igual* a 100 dólares presentes, são necessários 105 dólares (mais ou menos, dependendo da porcentagem original de juro, neste caso cinco por cento) ao cabo de um ano.

O modo de pensar *habitual* é de "somar" o juro, mas o verdadeiro raciocínio dos homens é o de *descontar o futuro* comparado ao presente, isto é, usa-se a fórmula $100/105 = 0.95238$. Note-se que isso é uma equação. A equação revela um tato surpreendente, o de que realmente *cada* um dos *futuros* 105 dólares é "descontado"; cada um dos 105 dólares é *individualmente* menos do que os dólares presentes *individuais*. Com que desconto são avaliados os dólares dentro de um ano (presumindo um juro de cinco por cento)? Se 0.95238 for subtraído de 1.00000, sobra 0.04762, que é o "desconto" de cada dólar no futuro conforme o presente (habitualmente expresso em 4.762% de juro). Os presentes 100 dólares têm 100 dólares individuais valendo cada um 1 dólar; os dólares daqui a um ano valem 0.95238 cada um. Multiplicando os 105 dólares futuros por 0.95238 cada um, confirma-se a equação (100 x $ 1 = 105 x 0.95238).

A fim de entender Böhm-Bawerk é preciso basicamente pensar sempre no *desconto* com que se avaliam bens *futuros* (por unidade) comparados com bens *presentes*. A revolução na Economia austríaca neoclássica não será entendida por alguém que se recuse a compreender o que a precedeu.

Falamos do sol que "se levanta e se põe", embora a expressão seja antiquada e confusa; da mesma forma, "somamos" a porcentagem de juro, quando também isso é antiquado e confuso. É preciso que nosso pensamento, nos dois casos, seja mais realista do que nossas formulações.

A obtenção do ganho imerecido, portanto, não é um "pecado", segundo a opinião de pessoas que compreendem bem a si mesmas e à sua situação. Contudo, a definição de "pecado" no sistema socialista-comunista alarga de maneira absurda a definição mais restrita de "pecado" no capitalismo.

Qualquer proposição ética que declare que há um mal em receber ganho imerecido é um paralogismo — "uma falácia de raciocínio da qual o raciocinante não tem consciência".

A Ética foi relativamente estéril durante mil anos, ou pelo menos durante alguns séculos. O ganho imerecido advindo da posse de bens (isto é, bens que não foram obtidos por violência, roubo ou fraude), era erroneamente considerado um problema *ético* quando devia ter sido considerado apenas problema *econômico* baseado no valor que os homens dão a bens disponíveis em diferentes épocas, isto é, o presente versus várias datas no futuro. Se os diferentes intervalos de tempo no futuro forem breves, o ganho imerecido será proporcionalmente pequeno; se os intervalos forem longos, o ganho imerecido será proporcionalmente maior. O ganho imerecido é uma questão de tempo, não de exploração.

Se algum leitor desejar verificar os vários motivos *por que* uma pessoa prefere um bem *presente* a um bem *futuro*, dirija-se à *Teoria positiva do capital*, de Böhm-Bawerk, pp. 259-289 da ed. americana.

Avaliar um bem *presente* face a um bem similar *futuro* é uma comparação que o homem faz regularmente, por si *mesmo*. E, se ele emprega esse método de avaliação variável, baseado no tempo em que o bem estará disponível, quando está avaliando *por si mesmo*, não deveria haver objeção válida a que, quando alguém mais estiver envolvido, ele empregue o mesmo método de avaliação variável segundo o tempo da disponibilidade do bem.

Podem-se usar cifras absurdas para ilustrar a ideia de Böhm-Bawerk. Vamos supor que o Senhor A pode receber um milhão de dólares em vinte anos ou agora mesmo. O Senhor A preferirá o milhão de dólares em vinte anos? É quase certo que dirá a si mesmo, "posso estar morto antes de passarem vinte anos; e então jamais teria o dinheiro. Prefiro o milhão de dólares agora, *imediatamente*". Obviamente a avaliação que se faz para um bem de hoje é maior que a desse mesmo bem amanhã, e mais ainda: será muito maior que a do bem que só se terá daqui a um ano; e maior ainda, e maior e maior quanto mais forem adiados os bens futuros adentro.

Há cerca de três mil anos Moisés definiu o pecado social como *violência* (Sexto Mandamento do Decálogo), *adultério* (Sétimo Mandamento), *roubo* (Oitavo Mandamento), *fraude* (Nono Mandamento), e *inveja* (Décimo Mandamento). E uma lista muito modesta, nada dogmática. Mas avaliar um bem futuro com desconto em relação a um bem atual (isto é, um desconto que parece conter um ganho imerecido) não foi colocado na lista de pecados proibidos na promulgação do Decálogo. Considerar o ganho imerecido como pecado é desvirtuar o campo moral. Rodbertus, Marx e outros socialistas comunistas, assim como alguns líderes religiosos no mundo atual, cometeram o absurdo de dizer que avaliar um bem presente acima de um bem similar futuro é um mal, é um pecado, e merece a ira de Deus (se é que eles acreditam em Deus). Essa ampliação da definição de pecado é uma fraude ética.

Böhm-Bawerk teve uma contribuição importante para "des-confundir" as ideias nesses últimos mil anos. Ele reduziu grandemente a área do pecado. Ao contrário, Rodbertus e Marx preferiram ampliá-la mais. Como os grandes príncipes infernais de Milton, esses fervorosos moralistas "... não encontraram a saída, vagando perdidos no labirinto".

Pessoas interessadas em Ética deviam ler *The Foundations of Morality* (Nash Publishing, Los Angeles, Califórnia), provavelmente o livro não religioso mais valioso jamais escrito sobre Ética. Hazlitt, com arguta clareza de julgamento, indica que as novas ideias que apresenta no campo da Ética derivam parcialmente de um conhecimento econômico aperfeiçoado, resultante da *revolução* econômica dos austríacos neoclássicos (baseada primariamente no pensamento original de Böhm-Bawerk sobre ganho imerecido). Hazlitt apresentou uma visão correta, não só por causa da solidez geral de seu julgamento, mas também graças a seu conhecimento suplementar da Economia austríaca neoclássica.

Como "fazedores de lei", Agostinho, Aquino, Descartes, Coke, Blackstone, Kant, Hume, Hegel, Comte e Marx não superam nem Adam Smith nem Eugen von Böhm-Bawerk. Smith impôs a verdade de que o exercício da responsabilidade e da liberdade dá resultados notavelmente benéficos. Smith foi seguido por Eugen von Böhm-Bawerk, que removeu das considerações éticas o que era apenas um problema de *tempo* grotescamente mal compreendido e grosseiramente subestimado — um desconto na avaliação de bens futuros por homens cuja vida não é duradoura, e cuja morte é sem dúvida inevitável. Tanto Smith, no que diz respeito à liberdade e responsabilidade, como Böhm-Bawerk, no que se refere ao ganho imerecido, estão entre os maiores mestres da Ética. Escolas teológicas e departamentos de Filosofia deveriam examinar o raciocínio de Böhm-Bawerk na questão da origem do ganho imerecido, e concluir que na verdade ele não é um problema ético, e sim cosmológico (de tempo).

A nova teoria dos socialistas comunistas sobre o mal do ganho imerecido é uma fraude intelectual de tal magnitude que se torna a pior degeneração ética realizada neste mundo nos últimos séculos.

10
MARX: SEUS TRAÇOS MENTAIS

Um dos mais breves ensaios de Böhm-Bawerk, publicado cm 1896, teve o título alemão "Zum Abschluss des Markschen Systems". A tradução inglesa de Alice Macdonald em 1898 teve o título "Karl Marx and the close of his system" (Karl Marx e o fim do seu sistema). O título inglês não foi feliz; o que significa "fim"? Teria sido melhor traduzir: "Karl Marx e a conclusão de seu sistema". Para expressar melhor a ideia original do artigo, o título devia basear-se nas seguintes considerações:

1) A inconsistência do sistema de pensamento de Marx tornou-se evidente bem mais cedo, quando ele publicou, em 1867, o Vol. I de seu *Capital*.

2) Marx assegurou a seus leitores que um dia provaria não haver inconsistência nem falácia em seus argumentos, mas, até morrer em 1883, não havia ainda cumprido sua promessa. Postumamente, o amigo de Marx, Friedrich Engels, assumiu a organização de suas caóticas notas e quis desfazer-lhes a impressão de grave contradição interna. Engels "redimiu" a promessa de Marx em 1894, vinte e sete anos depois de ela ter sido feita.

3) Quando Engels finalmente publicou o que foi apresentado como a solução de Marx, Böhm-Bawerk assumiu a tarefa de mostrar que Marx *não* solucionara (encerrara, completara ou resolvera) a contradição.

O título "Karl Marx e a [conclusão] de seu sistema" ainda não descreve os objetivos da crítica de Böhm-Bawerk. Em 1962, em um livro em inglês de ensaios de Böhm-Bawerk, sob o título *Shorter Classics of Böhm-Bawerk*, este editor deu àquele texto o título "Contradição não resolvida no sistema econômico de Marx", título esse que elucida o leitor sobre o assunto. Esse ensaio de Böhm-Bawerk teve o mérito de, em forma breve e clara: (1) descrever o sistema marxista, (2) revelar sua inconsistência, e (3) mostrar que nada do que foi postumamente publicado por Engels, em lugar de Marx, "resolvia" o problema. Noventa e três páginas de texto em "Contradição não resolvida no sistema econômico de Marx" (veja *Shorter Classics* pp. 208-301) darão ao leitor informação e esclarecimento maiores do que o texto correspondente ao assunto no extenso e tedioso *Capital*. Note-se oque Böhm-Bawerk escreve (citado de *Shorter Classics of Böhm-Bawerk*, pp. 276-278):

E os seguidores socialistas da teoria da exploração tentam manter tal proposição, embora ela seja construída sobre areia! Não a empregam apenas incidentalmente, nem para apoiar algum ângulo inconsequente na estrutura da sua teoria. Na verdade, fazem dela a pedra angular que sustenta a fachada de suas reivindicações mais vitais e concretas. Defendem a lei de que o valor de todos os bens consiste no tempo de trabalho neles representado. Depois, no momento seguinte, atacam qualquer criação de riqueza que entre em conflito com tal "lei", como por exemplo, a diferença no valor de troca que recai para o capitalista como valor excedente. Dizem que isso é "'contrário à lei", "injusto", e recomendam sua abolição. Quer dizer, primeiro ignoram a exceção para poderem proclamar a sua lei de valor dotada de validade universal. E depois desse furtivo desvio da qualidade de validade universal, começam a recordar-se das exceções, para rotulá-las de violações da lei. Esse método de argumentação é tão mau quanto o de alguém que, observando que há muitos homens tolos, ignorasse que também há alguns homens sábios, deduzisse a "lei universalmente válida" de que "todos os homens são tolos", e depois exigisse o extermínio dos homens sábios que existem "ilegalmente". [28]

Quando as teorias de Marx e os fatos se harmonizam ele argumenta bem, mas fora disso é insincero

Com sua manobra de abstração Marx certamente obteve uma grande vantagem tática para sua própria versão do caso. Ele, "por hipótese", excluiu do seu sistema o perturbador mundo real, e, enquanto pôde manter essa exclusão, não entrou em conflito com esse mundo. Ele pôde fazer isso no correr da maior parte do primeiro volume, de todo o segundo, e do primeiro quarto do terceiro. Nessa parte central do sistema marxista, a evolução lógica e a coerência revelam uma densidade realmente impressionante, e uma consistência intrínseca. Marx tem liberdade de usar uma boa lógica aqui porque, através da hipótese, ele antecipadamente adequou os fatos às suas ideias, de modo que pôde ser fiel a estas sem contrariar àqueles. E quando Marx é livre para usar de lógica sólida, ele o faz de maneira realmente magistral. Por mais errado que possa ser seu ponto de partida, essas partes intermediárias do sistema, por sua extraordinária consistência lógica, garantiram ao Autor uma reputação de intelectual de primeira linha. Essa circunstância serviu para intensificar bastante a influência prática do sistema marxista que, nessa longa parte central de seu trabalho, é realmente perfeito quanto à consistência interna. Os leitores que superaram bem as dificuldades do começo ganham tempo para se acostumarem ao universo do pensamento marxista, e confiar na coerência de suas ideias, que aqui fluem tão suavemente umas após as outras, formando um todo bem estruturado. É àqueles leitores, cuja confiança assim conquistou, que Marx faz as severas exigências que por fim é obrigado a apresentar no terceiro volume. Pois, embora Marx adiasse muito o momento de abrir os olhos para os fatos da vida real, teve de fazê-lo um dia. Precisou confessar aos seus leitores que na vida real as mercadorias não se trocam regularmente e necessariamente em proporção ao tempo de trabalho nelas incorporado, mas que se trocam — em proporções maiores ou menores em relação ao tempo de trabalho — de acordo com a parcela maior ou menor do lucro médio que o capital investido exigiu. Em suma, além do tempo de trabalho, também o investimento de capital é um dos fatores determinantes da relação de troca entre mercadorias. Nesse ponto ele enfrentou duas tarefas difíceis. Em primeiro lugar teve de justificar-se diante de seus leitores, por ter, em partes precedentes de seu trabalho, e por tanto tempo, ensinado que o trabalho era o único

---

[28] *Ibid.* p. 302.

determinante das relações de troca; em segundo lugar — e talvez esta tenha sido uma tarefa ainda mais difícil — também tinha de dar aos leitores uma explicação teórica dos fatos que eram hostis à sua teoria, explicação que, por um lado, certamente não se adequaria à sua teoria do valor do trabalho sem deixar vestígios e que, por outro lado, não a deveria contradizer.

Pode-se compreender que agora ele já não pudesse usar uma boa lógica direta nessas demonstrações. Testemunhamos, então, a contraparte do distorcido início do sistema. Lá, Marx teve de violentar os fatos a fim de deduzir um teorema que, honestamente, não poderia ter sido deduzido. Nessa barganha, teve de violentar ainda mais a lógica e cometer as mais inacreditáveis falácias, Agora, a situação se repete. Mais uma vez as proposições que através de dois volumes tomaram conta do campo, imperturbadas, colidem com os fatos, com os quais naturalmente concordam tão pouco quanto antes. Mesmo assim, é preciso manter a harmonia do sistema, e ela só pode ser mantida com sacrifício da lógica. Por isso, o sistema marxista nos apresenta um espetáculo estranho à primeira vista, mas, sob as circunstâncias acima descritas, bastante natural: a maior parte do sistema é uma obra-prima de lógica densa e convincente, digna do intelecto de seu autor; mas em dois lugares — *hélas!* exatamente os mais decisivos — insere-se nela uma argumentação incrivelmente fraca e descuidada. O primeiro momento é exatamente no começo, quando a teoria se afasta, pela primeira vez, dos fatos, e o segundo é depois do primeiro quarto do terceiro volume, quando outra vez os fatos reais são apresentados ao leitor. Refiro-me mais especificamente ao décimo capítulo do terceiro volume (pp. 151-79).

Nessas linhas, Böhm-Bawerk presta homenagem às capacidades mentais de Marx, mas não tem muito a dizer quanto à sua integridade intelectual.

O último parágrafo na análise de Böhm-Bawerk sobre a importância do pensamento de Marx diz *(Shorter Classics of Böhm-Bawerk*, p. 301):

O SISTEMA DE MARX, COMO O DE HEGEL, É UM CASTELO DE CARTAS

"Porém Marx ocupará um lugar permanente na história das ciências, pelas mesmas razões, e com a mesma mescla de méritos positivos e negativos de seu modelo, Hegel. Os dois foram gênios em Filosofia. Os dois, cada um em seu campo, tiveram enorme influência sobre o pensamento e a emoção de gerações inteiras, quase se pode dizer sobre o espírito do século. A obra teórica específica de cada um deles apresenta uma estrutura de concepção muito engenhosa, construída por uma prestidigitação que combinava várias histórias de pensamento, unidas por um maravilhoso domínio mental, mas... castelo de cartas."

O leitor se beneficiará lendo a análise densa e breve do trabalho intelectual de Marx feita por Ludwig von Mises, nas pp. 295 - 282 deste livro, sob o título "A teoria marxista dos índices de salários".

11
Como Podemos Avaliar Marx Pelas Consequências Praticas

A análise que Böhm-Bawerk faz da teoria da exploração do socialismo-comunismo, e do desempenho intelectual de Marx (muito hábil quando é realista, muito perigoso quando foge à realidade), é um *tour de force* intelectual. Apesar disso, mostra um Marx bem melhor do que a História revela que ele foi. Considerando as consequências históricas do socialismo-comunismo marxista, sob Lênin, Trotski, Stalin e outros, na Rússia, sob Hitler na Alemanha, Mussolini na Itália, e Mao na China, vemos que em parte alguma essa doutrina trouxe benefícios, quer para seus compatriotas quer para os estrangeiros. A falta de integridade intelectual de Marx, aparentemente deliberada, produziu uma colheita sangrenta e maldita em toda parte. Nem paz nem prosperidade florescem sob as ideias socialistas comunistas, que negam o direito à propriedade privada e difamam as sociedades baseadas em contratos voluntários.

Como Walter Lippmann escreveu em *The Good Society*, fatalmente um sistema socialista-comunista trará um governo *tirânico, belicoso* e *pobre;* um sistema capitalista, ao contrário, invariavelmente produzirá uma sociedade *livre, pacífica* e *próspera*. O que segue abaixo foi tirado das pp. xi e xii da introdução de Lippmann ao *The Good Society* (Little, Brown & Company, associada a The Atlantic Monthly Press, Boston, Massachusetts, 1941).

"O plano da obra divide-se em duas partes. A primeira, compreendendo os livros I e II, é uma analise da teoria e prática do movimento (socialismo-comunismo) que desde então — cerca de 1870 — tenta organizar uma ordem social *dirigida.*

Tentei examinar esse projeto de futuro não só em sua corporificação comunista mas também no gradual coletivismo dos estados democráticos, tentando determinar se uma sociedade planejada e dirigida pode saborear a abundância num estado de paz. O problema não era se isso seria desejável, mas se seria possível. Comecei pensando que, se era difícil encontrar planejadores e administradores sábios e desinteressados o bastante, o ideal poderia ser realizado através de uma classe dominante bem treinada. Finalmente, entendi que tal ordem social não é concebível nem mesmo teoricamente; que, se cuidadosamente analisada, essa ordem ideal não é apenas difícil de administrar mas despojada de qualquer significação; que é uma ilusão tão completa quanto o moto-perpétuo. Entendi por fim que uma sociedade *dirigida* (socialista-comunista) tem de ser *belicosa* e *pobre*. Se não for pobre e belicosa, não poderá ser dirigida. Entendi então que uma sociedade *próspera* e *pacífica* tem de ser *livre*. Se não for livre, não poderá ser próspera nem pacífica".

12
Marx — Epistemologia Regressiva

Uma pessoa pode estar errada: (1) Porque tem um motivo (tal como inveja) que distorce seu raciocínio; (2) Porque emprega um método precário; (3) Porque ela cometeu um erro ingênuo ao aplicar seu método a um problema particular, apesar de usar um método sólido.

Marx parece ter sido motivado significativamente por uma difusa inveja ou descontentamento social. (Ele assumia a postura de defensor dos membros mais pobres e mais fracos da sociedade; na verdade, porém, as verdadeiras consequências das ideias de Marx, e de suas atividades, trouxeram e continuam trazendo prejuízos certos para o chamado trabalhador, o empregado que Marx afirmava estar sendo explorado.) Marx parece ter-se maculado definitivamente com o erro n° 1.

Böhm-Bawerk concluiu que a coerência interna da argumentação de Marx indicava que ele não era culpado de alguma falácia inconsciente; o número 3 na lista precedente não dá conta do monstruoso erro de Marx quanto ao ganho imerecido; o erro de Marx não era uma asneira, e sim um raciocínio sofisticado, insincero e indefensável.

Mas Marx usou também de um método generalizadamente errado (erro n° 2) na abordagem da Economia e das Ciências Sociais em geral. Ele seria, em termos medievais, um realista (não um nominalista). Sua epistemologia era compreensivelmente inadequada.

Para muitos de nós, Epistemologia é um assunto abstruso. Qualquer especialista, de qualquer área, em determinado momento se afasta de seu trabalho e diz a si mesmo: *Como é* que estou abordando meu problema? *Até onde* meu método pode me levar? Depois indaga: existe uma abordagem ou método melhor?

Numa expressão descritiva, a Epistemologia é a "ciência da ciência" (termo usado em conversa por Ludwig von Mises). No caso da Economia, o problema geral coloca todo economista competente diante de uma indagação que o faz refletir: meus métodos serão adequados para atingir conclusões corretas? No caso de Marx, terá sido legítimo Böhm-Bawerk assumir uma visão crítica dos métodos ou da epistemologia desse autor?

Na Idade Média havia uma diferença entre os filósofos. Alguns eram conhecidos como realistas; abordavam problemas "em grande escala", em termos de "classes" e de "grandes ideias", isto é, em termos coletivos, ou gerais, tais como "ricos" versus "pobres". De certa forma o termo moderno para realismo econômico seria "macroeconomia". Realismo no sentido medieval não é realismo no sentido de analisar casos específicos, tais como pobreza ou fortuna de *indivíduos*.

Os nominalistas, ao contrário, evitam termos gerais tais como "os ricos" e "os pobres"; descem a casos específicos; lidam com o Senhor A e o Senhor B individualmente. Tratam com suspeita e hostilidade o emprego de "termos gerais" em vez de termos e casos específicos.

No pensamento de Marx, na sua "epistemologia", ele era um flagrante realista (medieval). Apreciava conceitos grupais e usava termos gerais. Seu método era (é) totalmente inadequado na Ciência Social e na Economia. Böhm-Bawerk e seus companheiros eram nominalistas em sua epistemologia, imensuravelmente melhor que a de Marx.

Na disputa secular entre realistas e nominalistas (na Idade Média), os nominalistas finalmente venceram, e trouxeram espantoso progresso para a ciência e prosperidade para a Idade Moderna. O franciscano que deu o *coup de grâce* no realismo foi Thomas of Ockham, que (polemicamente) se tornou chefe da Ordem Franciscana. Ockham é famoso pela expressão *entia non sunt multiplicando praeter necessitatem*, que, traduzido *lato sensu* diz: "Os termos não se devem multiplicar desnecessariamente", o que infelizmente significa pouco para a maior parte das pessoas. Mas a ideia de Ockham pode se tornar real, para a pessoa comum, de dois modos: (1) Quando ela entende a regra de Ockham como prevenção contra o uso de um termo *novo* em lugar de um termo *antigo;* por exemplo, o termo novo e ambíguo de *justiça* em lugar dos antigos termos específicos — não violência, adultério, roubo, fraude, inveja; (2) Quando ela entende a regra de Ockham como protesto contra o uso de um termo *coletivo* como os ricos em lugar de *um rico específico chamado John Jones*. O nominalista evita pensar em generalidades e usar termos gerais.

Nos termos de Ockham ocorreu uma ruptura na Epistemologia quando ele formulou explicitamente seu método e o aplicou. No tempo de Marx, quatro séculos depois, este adotou para sua Economia uma Epistemologia retrógrada: pensava e falava em termos de classes e generalidades; na Epistemologia da Economia ele tentou reverter a ideia básica de Ockham. A Epistemologia de Marx era tragicamente retrógrada, como é o caso de toda a Epistemologia socialista-comunista.

Böhm-Bawerk comentou alhures (ao analisar o assunto Epistemologia) que o pensamento primitivo começou com o grande e o grandioso, com coisas óbvias como um "elefante". Mas acrescentou que o progresso por toda parte dependia de transferir o pensamento de grandes massas para os constituintes menores, de elefantes para átomos. Desde os tempos de Böhm-Bawerk, a ciência fez progressos aproximando-se do que é cada vez menor em tamanho, mais específico até do que os átomos.

Quando o pensamento se transfere para classes, termos coletivos, médias, e "macroeconomia", a Ciência Social entra num beco sem saída. A essência da epistemologia da Economia Austríaca Neoclássica, escola de pensamento da qual Böhm-Bawerk foi um dos primeiros fundadores, é uma aplicação dos princípios do nominalismo no campo da Economia. As descobertas da escola de Economia Austríaca Neoclássica foram aplicações brilhantes e específicas da famosa regra de Ockham. Contrastando com isso, a Epistemologia de Marx foi o maior fator degenerativo intelectual de nossos tempos.

Muitos serão incapazes de raciocinar independentemente sobre o problema de o ganho imerecido ser ou não uma injustiça em si. Pode-se, no entanto, começar essa análise com um preconceito pernicioso, relutando em defender a validade de qualquer coisa que seja *imerecida: em outras palavras, a postura contra o ganho imerecido tem apenas uma plausibilidade fortuita.* A análise que Böhm-Bawerk faz da Teoria da Exploração socialista-comunista certamente deveria remover o complexo de inferioridade psicológico das mentes dos defensores do sistema capitalista, no que diz respeito aos ganhos "imerecidos". Em vez de ficarmos ofuscados com Rodbertus e Marx, deveríamos compreender que aqueles pensadores foram culpados de grande insensatez. Deveríamos rejeitar inteiramente a conclusão dos líderes organizados do pensamento socialista-comunista, porque a teoria da exploração é, obviamente, uma formulação intelectual desprezível.

F. N. *23 de junho de 1975*

A Teoria Marxista dos Índices de Salários

A mais poderosa força política de nosso tempo é Karl Marx. Os governantes de muitas centenas de milhões de camaradas nos países atrás da Cortina de Ferro fingem aplicar os ensinamentos de Marx, considerando-se executores do seu testamento. Nos países não comunistas a análise dos feitos de Marx é realizada com mais restrições, muito embora ele seja, ainda, elogiado em todas as universidades como um dos maiores líderes intelectuais da humanidade, como o gigante que, demolindo preconceitos e erros inveterados, reformou radicalmente a Filosofia e as Ciências Humanas. Os poucos dissidentes que não entram no coro da louvação de Marx não recebem muita atenção. São boicotados e chamados de reacionários.

O fato mais notável em relação a esse prestígio sem precedente é que mesmo os mais entusiásticos admiradores desse autor não leem seus escritos principais nem estão familiarizados com o conteúdo desses escritos. Poucas passagens e frases de seus livros — sempre as mesmas, por sinal — são repetidamente citadas em discursos políticos e em panfletos. A verdade é que os volumosos livros, os artigos e os panfletos de Marx — como se pode facilmente constatar — não são lidos com atenção, nem por políticos nem por autores que orgulhosamente se intitulam marxistas. Muitas pessoas compram — ou tomam emprestadas de bibliotecas — reproduções dos textos de Marx. Em geral, mal começam a lê-los, e já se sentem mortalmente entediadas: param depois de poucas páginas, se já não pararam na primeira.

Se as pessoas estivessem familiarizadas com as doutrinas de Marx, jamais falariam, como frequentemente o fazem, em socialismo "segundo os objetivos ou preceitos de Marx". Isso porque Marx, além de não ter delineado qualquer conceito de socialismo, jamais disse algo sobre a organização e o funcionamento de um mundo socialista: afirmou, apenas, que nesse mundo se teria a abundância abençoada e ilimitada, e todos teriam tudo o que necessitassem. A ideia básica do socialismo — eliminar o controle privado dos meios de produção e livre empresa, passando exclusivamente ao estado a administração de todos os casos e temas econômicos — já fora elaborada por autores franceses e ingleses, antes de Marx iniciar sua carreira de autor e panfletista. Nada havia a acrescentar, e Marx não acrescentou coisa alguma. Nem mesmo tentou refutar as críticas que, ao seu tempo, os economistas já haviam feito a essa ideia, condenando-a e demonstrando o engano e o absurdo dos esquemas socialistas. Marx considerava uma utopia vã interessar-se no presente por questões de um futuro mundo socialista. Julgava que sua própria contribuição não ia além de constatar uma pretensa realidade: a de que o estabelecimento do socialismo era inevitável. Assim, o socialismo, por estar fadado a sobrevir "com a inexorabilidade de uma lei natural" e por ser o alvo para o qual se dirigia toda a história da humanidade, seria a realização dos anseios e desejos humanos, um estado de alegria e felicidade perpétuas.

Os escritos de Marx — especialmente o volumoso tratado principal, *O capital* — não se ocupam propriamente do socialismo, mas sim da economia de mercado e do capitalismo. Neles Marx despreza o capitalismo, considerado por ele um sistema de horrores indizíveis, absolutamente odioso, que permite que a imensa maioria das pessoas, os proletários, sejam cruelmente oprimidas e exploradas por uma classe de capitalistas perversos. Tudo, nesse sistema, seria nefasto e irrecuperavelmente mau. Não haveria reforma, por mais bem-intencionada que fosse, que pudesse aliviar — e menos ainda eliminar — o abominável sofrimento dos proletários. Nada mais se pode acrescentar sobre o capitalismo, segundo Marx, senão que, em decorrência de suas características atrozes e monstruosas, um dia, quando se tornarem intoleráveis os males que produz, ele acabará provocando aquela grande revolução social que há de gerar o milênio socialista.

O cerne da doutrina econômica de Marx é a sua "lei" de salários. Essa pretensa lei, que é a base de toda a sua crítica do sistema capitalista, naturalmente não é criação marxista. Já havia sido mencionada por autores anteriores, era há muito conhecida, sob o rótulo de "lei de ferro dos salários", e já fora minuciosamente refutada antes de Marx empregá-la como alicerce de sua doutrina. Marx decidiu ignorar tudo o que já se havia dito no sentido de demonstrar a falsidade da argumentação implícita nessa pretensa lei. Fez alguns comentários sarcásticos sobre a tradução alemã do termo inglês (que corresponde a) "lei de ferro", sugerida por seu principal rival na liderança do partido socialista alemão, Ferdinand Lassalle, mas construiu toda a sua argumentação econômica, todo o seu prognóstico sobre o curso futuro dos assuntos econômicos, bem como todo o seu programa político, sobre a base ilusória desse teorema falacioso.

Essa chamada lei de ferro afirma serem os índices de salários determinados pelo custo dos bens necessários à mera subsistência da força de trabalho. O assalariado não poderia ganhar mais do que aquilo de que fisiologicamente precisa para preservar sua capacidade de trabalhar e para poder sustentar o número de filhos estritamente necessário para substituí-lo quando de sua morte. Se o salário se elevasse acima desse nível, os assalariados teriam mais filhos, e, consequentemente, a competição desses candidatos adicionais a empregos iria reduzir novamente os índices de salários a um nível que a doutrina considerava natural. Por outro lado, como os trabalhadores não seriam capazes de alimentar tantos filhos quantos são necessários para preencher as fileiras das forças de trabalho, haveria falta de trabalhadores, e a consequente competição entre os empregadores traria os índices de salário novamente ao nível natural.

Do ponto de vista dessa alegada lei de ferro, o destino dos assalariados no regime capitalista parece sem esperança. Não podem jamais erguer-se acima do nível da mera sobrevivência. Nem reformas, nem salário mínimo decretado pelo governo, nem atividades sindicalistas poderão ter qualquer eficácia contra a lei de ferro. No regime capitalista, os proletários estão condenados a permanecer eternamente à beira da inanição. Todas as vantagens advindas de melhorias nos métodos tecnológicos de produção são embolsadas unicamente pelos capitalistas. É esse o sentido do conceito marxista de exploração. Por direito, diz Marx, todos os produtos deveriam beneficiar aqueles que os produzem: os trabalhadores braçais. A mera existência da burguesia já é parasitismo. Enquanto o proletário sofre, o burguês se diverte e faz festas.

Basta olhar em volta para constatar que deve haver algo errado nessa descrição de uma economia capitalista em funcionamento. A grande inovação trazida pela passagem de um sistema pré-capitalista de produção para o sistema capitalista, o fato histórico chamado Revolução Industrial, foi exatamente introduzir um novo sistema de mercado. As indústrias em funcionamento nos bons velhos tempos atendiam quase unicamente às necessidades dos abastados. No entanto, o que caracteriza o capitalismo como tal é o fato de ele fomentar uma produção em massa, para atender à demanda das massas. A maior parte dos produtos saídos de fábricas é consumida direta ou indiretamente pelas mesmas pessoas que trabalham nessas fábricas. Os grandes negócios são grandes porque são exigidos e consumidos pelas massas. As lojas que vendem bens de luxo para poucos nunca passam de um tamanho médio ou mesmo pequeno. Se entrarmos na casa de um homem comum de classe média num país capitalista, encontraremos todos os produtos manufaturados nas engrenagens das grandes empresas. É fantasticamente absurdo dizer que todos os assalariados ganham apenas o necessário para se sustentarem e criarem bastantes filhos para preencher todos os empregos nas fábricas.

A falha essencial da lei de ferro dos salários é que ela negou ao assalariado seu caráter humano, e lidou com ele como se fosse uma criatura não humana.

Os seres vivos não humanos têm necessidade de proliferar até os limites traçados pelo suprimento disponível de meios de subsistência. Nada, senão a quantidade de alimento possível de se obter, controla a multiplicação ilimitada de elefantes ou roedores, de pulgas e germes. Seu número se mantém no nível dos alimentos disponíveis. Mas essa lei biológica não se aplica ao homem. O homem também aspira a outros fins além daqueles relacionados às suas necessidades biológicas e fisiológicas. A lei de ferro presumia que o assalariado — o homem comum — não é melhor do que um coelho: não anseia por outras satisfações além de comer e proliferar-se, não sabe aplicar seus ganhos senão na perseguição dessas satisfações animais. É óbvio que essa é a coisa mais absurda que já se imaginou. O que caracteriza o homem enquanto homem e o eleva acima do nível dos animais é que ele aspira também a objetivos especificamente humanos, que podemos chamar fins mais altos. O homem não é, como os outros seres vivos, impelido apenas pelos apetites de seu ventre e de suas glândulas sexuais. Também o assalariado é um homem, ou seja, é uma pessoa moral e intelectual. Se ganha mais do que o mínimo que lhe é essencial, gasta isso na satisfação de seus anseios especificamente humanos, tenta tornar mais civilizada a sua vida e a de seus dependentes.

Quando Marx e Engels adotaram essa espúria lei de ferro e afirmaram no *Manifesto Comunista* que o salário médio é "aquela soma de víveres (Lebensmittel) absolutamente necessários *(notwendig)* para manter a mera subsistência do trabalhador enquanto trabalhador", economistas judiciosos já haviam demonstrado a falácia desse silogismo. Marx, porém, não deu atenção a essa crítica. Toda a sua doutrina econômica, apresentada nos alentados volumes do seu principal tratado, *O capital*, se baseia na lei de ferro. A falsidade dessa pretensa lei, que durante cem anos ninguém questionou, mina os fundamentos de toda a argumentação econômica de Marx, destruindo por inteiro a demagogia central do sistema marxista: a doutrina que defende que os assalariados são sempre explorados pelos empregadores.

Na elaboração de seu sistema filosófico e econômico, Marx estava tão cego pelo seu ardente ódio à civilização ocidental, que nem percebeu as evidentes contradições de seu próprio raciocínio. Um dos dogmas essenciais da doutrina marxista, talvez sua própria substância e cerne, é a ideia da inevitabilidade do advento do socialismo. Essa profecia explica o fanatismo das várias facções socialistas comunistas em nosso tempo.

Marx tentou demonstrar esse dogma básico de seu credo com a famosa afirmação de que, necessária e inevitavelmente, o capitalismo gera um progressivo empobrecimento das massas de assalariados. Quanto mais evolui o capitalismo, diz ele, tanto mais "cresce a massa de miséria, opressão, escravidão, degradação e exploração". Com "o progresso da indústria" o trabalhador vai "caindo mais e mais fundo", até que por fim, quando seu sofrimento se tornar intolerável, as massas exploradas se revoltarão, estabelecendo a eterna felicidade do socialismo.

É sabido que esse prognóstico de Marx foi tão desmentido pelos fatos da evolução social quanto outras profecias marxistas. Desde que Marx escreveu essas linhas, em 1848 e 1867, o padrão de vida dos assalariados em todos os países capitalistas vem melhorando deforma sem precedentes e nunca sonhada.

Mas há ainda algo mais a dizer sobre essa peça da argumentação de Marx. Ela contradiz toda a teoria marxista da determinação dos índices de salário. Como foi demonstrado, esta teoria afirma que, no regime capitalista, necessariamente os índices de salário são sempre extremamente baixos, não podendo, por razões fisiológicas, baixar ainda mais, caso contrário implicariam o extermínio de toda a classe de assalariados. Como é possível afirmar, então, que o capitalismo produza o empobrecimento paulatino dos assalariados? Marx, nessa predição do empobrecimento paulatino das massas, contradisse não só todos os fatos da experiência histórica, mas também os ensinamentos essenciais da sua própria doutrina.

O sistema econômico marxista, tão elogiado por hostes de pretensos intelectuais, não passa de um emaranhado confuso de afirmações arbitrárias e conflitantes.

(In *Christian Economics*, Christian Freedom Foundation, Inc., Buena Park, California, 30 de maio de 1961)

Ludwig von Mises

Observações do Editor Sobre Esta Edição

ESTE LIVRO é o Capítulo XII de *Geschichte und Kritik der Kapitalzins-Theorien* (História e crítica das teorias de juro), primeiro dos três volumes da famosa obra de Böhm-Bawerk intitulada *Kapital*.